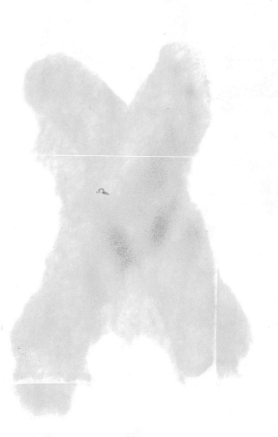

Teatro sobre teatro

Letras Hispánicas

José Ruibal

Teatro sobre teatro

Edición del autor

CÁTEDRA

EDICIONES CÁTEDRA, S. A. Madrid

© Ediciones Cátedra, S. A., 1975
Cid, 4. Madrid-1
ISBN: 84-376-0046-4
Depósito legal: M. 18.708.—1975
Printed in Spain
Impreso en Artes Gráficas Benzal
Virtudes, 7. Madrid-3
Papel: Torras Hostench, S. A.

Índice

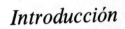

Introducción

SEMBLANZA DEL AUTOR

(compuesta por él mismo, muy a pesar suyo, y por apremio de su editor)

Yo, señor, soy gallego, tierra de buen humor y carente de leyes sensatas, nación situada al contramano Norte de la pública o no sé si república Ibérica, lugar donde un dios panteísta nos otorgó el sexo para que con él buscásemos entretenimiento, en radical desencuentro con otros españoles que lo veneran y usan como pasaporte al infierno, cosa que a mayor gloria tienen.

Fue mi padre destituido funcionario durante el vendaval de la civil contienda, quien previamente se había descolgado del seminario compostelano para casarse con mi madre, ya a las puertas de mi nacimiento. Esta calaverada paterna fue considerada pérdida grande para su familia, pues en aquellos tiempos un cura en una casa no era menos considerado que una buena vaca lechera. Yo lo sentí por ellos cuando lo supe, ya en mi razón y sin pesar, pues de todos modos yo no me hubiera quedado en el tintero, según acreditaba el estado de mi madre, hoy una muy *naif* pintora.

El caso es que mi padre se murió veinte años después de su cese por razones políticas, pobre de dineros y rico en sueldos acumulados que ojalá en el cielo haya cobrado, pues era creyente, hijo y nieto de gentes todavía más creyentes que él, al revés de mi madre, de siempre socialista crónica y que nunca vi

11

en la iglesia, aunque era ella quien nos lavaba la entrepierna y los morros para ir a misa como dictaba nuestro liberal padre mientras nos persignaba y enseñaba los rezos piadosos.

Pero además de los rezos, mi padre, que era cuentero nato, me enseñó latines y griegos que ya he olvidado, ciceronianos y castelarinos discursos, leyendas becquerianas, versos de galaicos poetas, rimas de Rubén y demás modernistas que luego, al toparme con ellos en los libros, resultó que, sin saberlo, como lo del canto de las aves, me los llevaba puestos.

Viví unos siete años en Santiago de Compostela hasta algo después de los veinte, y allí hice y publiqué versos y escasas prosas. Pasé luego a Madrid y gasté sillas en el parnasiano Café Gijón, publiqué nuevos versos en revistas poéticas de la Corte y otras ciudades de la punta Sur del continente americano, trabajando a remolque de mi vocación literaria y ejerciendo el periodismo político.

Y, señor, aquí fue ella. Impensadamente, alguien me dijo que debería ponerme a escribir teatro y fue como si hubiera descubierto mis propias alas al dar con el arte dramático. Pero si hablo de alas no es, señor, por comparaciones angélicas, sino porque habiendo antes escrito un libro de poemas, algo sobre arte y un libro de cuentos en lengua gallega, que permanece inédito pese a mis pesares y del que hice una versión al castrapo —apodo gallego dado al castellano—, fue en las formas dramáticas donde me encontré en mi propia salsa.

Cansado de América del Sur viajé hacia Europa y fatigado de Europa retorné a América. Al cabo de diez años acordé volver a Galicia, desembarcando en tierras de Vigo, viviendo allí unos años, pasando seguidamente a Madrid, donde ejercí el periodismo, en cuyo gremio, algunos centinelas de la ideología que les faltaba me hicieron la zancadilla y aparecí en la calle.

Y puesto entre la espada y la pared, fue, señor,

como me arrojé de cabeza a los escenarios, y me habría en verdad quebrado el cráneo si no fuera porque desde Estados Unidos me tiraron un cable. Recibí desde tan lejos el premio de la revista *Modern International Drama*, en el 69, por la versión inglesa de mi obra *El asno*, aquí descartada del premio Valle-Inclán que primero se quedó desierto y después jamás convocado, pese a su independiente prestigio.

Comencé así a profetizar un nuevo teatro por muchas de las tierras del solar hispano, y no niego que algunos sordos recobraron la oreja y muchos jóvenes se hicieron sensibles a la buena nueva. Este mi predicamento, señor, lo continué en tierras ajenas, tanto europeas como latinoamericanas, aunque con mayor intensidad en Estados Unidos, por más de cincuenta universidades, en cursos y conferencias sobre el quehacer teatrero y, últimamente, en el Simposium Internacional de Cine y Teatro en la Universidad de Wisconsin, de agradable memoria.

Y ya que vuestra merced quiere que vaya al grano, yo, señor, en granos no tengo otra hacienda que algunas pocas y desamparadas representaciones en esta mi tierra española, algunas en otras no menos patrias europeas, y las más en ediciones y representaciones en los Estados Unidos, como fue el caso de *The Man and the Fly*, cuyo estreno mundial ocupó una página del *New York Times*, a finales de 1971.

En estos presentes días, señor, voy de un lugar a otro sin saber bien dónde se acomodarán mañana mis posaderas. Digo que no sé si aquí o en otro lado o en el cementerio oyendo responsos, pues soy amable y siempre cedo el paso. El teatro, pienso, es un arte sedentario, pero no alcanzo el necesario sosiego en esta palangana de la vida en la que me ha tocado vivir.

Y sin más mecha por hoy, le envío, señor, esta mi semblanza, mientras quedo esperando servir en mejor ocasión a V. M.   Yo, el autor.

Teatro sobre teatro

Las obras de teatro no son largas ni cortas porque se nos antoje. Sus dimensiones, antes que a nada, responden a una medida que surge en el interior de cada una de ellas. Es claro que cada autor tiene su ritmo, es decir, su medida, y el teatro el ritmo de todos.

A la vez cada autor tiene una voz propia, un tono diferenciador, individual e intransferible, captable al oído y a los ojos, ya que el teatro es palabra y plástica, verbo en movimiento.

También podríamos referirnos al modo cómo cada dramaturgo expone la trama, que no tiene por qué ser cosa muy suya. Será suyo el modo de desarrollarla, ya que su originalidad no está en ella sino en cómo logre argumentarla. De ahí aquello de que por el argumento se conoce al poeta.

Sobre las obras aquí reunidas quisiera dar algunos de los elementos que confluyen en su creatividad, aunque procurando no destripar mis propios textos.

Claro que al tratar de hacer algo semejante, uno comienza a dar saltos entre la deseada objetividad y la subjetividad inevitable. Atrapado por tal dualidad, no se mejora aunque se sospeche que ambas diferenciales puedan ser una sola.

Y es posible que entre estos sobresaltos aparezca la buscada imagen del escritor atando palabras por el rabo, su quehacer ordinario. Pues al escribir, más que una idea, el escritor necesita una palabra y luego otra tras otra hasta llegar a la conclusión de un texto, que es lo que ocurre cuando se le agotan las palabras.

Por algo hay aquí extensiones distintas. *La máquina*

de pedir, la más larga, se acabó por agotamiento verbal cuando al esprimir su estructura las palabras dejaron de caer. Claro que algunas de las piezas cortas podrían ser extensas, ya que los temas se prestan a ello, pero del modo en que están estructuradas las palabras cesaron.

La reunión de estas obras no se hizo con criterio de muestra, sino de posibilidades. También operó la función específica del presente volumen.

Así que sobre este conjunto de obras unos aplicarán el cielo de sus paladares artísticos y otros sus rigurosos saberes críticos, o la conjunción de ambos, uno después del otro.

Y desde el burladero del dramaturgo, insisto en que mis pistas pueden muy bien llevar al despiste, pero como el autor no es el crítico, mis despistes, aunque despisten, siempre darán pistas.

Intríngulis simultáneo

Cuando a finales del 71 vi en Nueva York la famosa película de Kubrick, *Clockwork Orange*, me quedé un tanto perplejo. La cura me llegó de inmediato, tan pronto como la cámara abandona el bar de las damas lechosas y asientos lesbianos de sexo azulado, y se remonta por correrías más reconocibles. Al final la cámara retorna al punto de mi perplejidad, pero en ese largo paréntesis había transcurrido la casi totalidad del film.

Aquella plástica primera no había tenido continuidad. Se había quedado truncada. Y cuando se vuelve sobre ella, sentimos el estampido de dos concepciones plásticas que se dan de cráneo: la creada ex profeso con las lesbianas y lechosas damas y la tomada, digamos que en directo, en establecimientos carcelarios y sanitarios, en las calles o en domesticados paisajes urbanos. El cambio es de aúpa, aunque en estas imágenes filmadas haya, eso sí, distorsión de las imágenes habituales.

El cine, concretamente *Clockwork Orange*, podría haber continuado las imágenes creadas en las primeras secuencias, lo que habría supuesto un mantenimiento coherente de la plástica. Ello supondría tener que modelar una multitud de escenarios, tantos como los requeridos por la acción cinematográfica, y ya se sabe lo viajera que suele ser la cámara. Claro que el presupuesto escénico perforaría las nubes.

Y así, cuando vi que Kubrick se había ido por otro camino, a mí me tornó la sangre al cuerpo y el sosiego al trasero. La verdad es que aquellas primeras secuencias de *Clockwork Orange* me resultaban algo muy próximo al clima plástico intuido por mí cuando estaba escribiendo, en Madrid, 1969, *La máquina de pedir*.

Ocurre, y valga como explicación del intríngulis, que uno es de este tiempo y, pese a la pretensión de estar danzando en la punta de los dedos no pulgares, uno no baila en solitario. Esparcidas por ahí o por aquí hay otras gentes que giran sobre los mismos dedos, por muy propios que sean los nuestros. Es evidente que los componentes de una nueva sensibilidad asoman la oreja, la mitad o la cuarta parte, por diversos lugares a la vez. Es una onda simultánea. Unos la captan en su totalidad y otros la pescan por los pelos. Creo que esta simultaneidad, sin desmedro para la creación personal, para la originalidad individual e intransferible, es lo que le da coherencia a una determinada época. Y, si realmente hay talento, se la apropia y la trasciende.

Escenario, factor desencadenante

Mantener la imagen plástica, tanto por razones económicas como de otra índole, resulta más factible en el teatro que en el cine. En el teatro no hay cámara correveidile, sino que quienes corren, van y dicen son los actores. Los escenarios, sobre todo en el teatro actual, suelen ser fijos.

Por otra parte, el escenario debe ser considerado como un elemento expresivo y como parte integrante del lenguaje escénico. Esto es algo tan fundamental que Brecht llegó a decir que, cuando tenía el escenario, tenía la obra. Ese ámbito lo condiciona todo. Ampliando la onda, podríamos señalar que el escenario cumple una función desencadenante: según sea el escenario, así será la obra. Creo que durante la gestación de una obra teatral, la idea no se concretiza mientras no se hace visible el escenario.

Y si éste es el caso del dramaturgo, algo muy semejante es para el público. Un determinado escenario coloca al público en una determinada actitud receptiva. El escenario marca las pautas de verosimilitud: naturalista, fantástica o nones. Ello nos debería llevar a considerar que la plástica escénica es cosa que cuenta y pesa tanto como las palabras, el sonido o el gesto.

Al igual que cualquiera de estos elementos, el escenario también es lenguaje. Lenguaje plástico y receptáculo donde se fusionan los demás concurrentes del quehacer teatral. Por otra parte, y no en menor gloria, un escenario así concebido es el primer material arrojadizo a lanzar contra el público.

Claro que, a veces, el escenario puede ser la carencia de escenario, que agresión es al fin. Al igual que hay quienes, con propósitos estéticos o políticos determinados, prescinden de todo aparato escénico. En estos casos entran en juego otros recursos e intenciones que no vamos a ventilar aquí. Hay, como se sabe, distintos modos de concebir el teatro, legislados unos y otros por legislar. Pero no por peores.

Entre nosotros, aunque al margen de estas corrientes, tuvimos el caso de Unamuno. Él prescindió, o casi, del aparato escénico. Empleando palabras que podrían sonar a suyas, trató de hacer teatro al desnudo. Como se sabe, Unamuno arremetía contra el emperifollado escenario de su época. Y no sin razón. Y así como en el pecado va la penitencia, Unamuno, al renunciar a estos medios, también renunció a expresarse a través de ellos. A mi juicio, ello contribuye a hacer de su teatro un teatro monocorde y visualmente endeble. Es un lamento sin plástica. O un grito interiorizado, si se quiere. Unamuno carecía de capacidad para expresarse mediante la plástica escénica, algo semejante a lo que le ocurría con la música.

Vehículos de sí mismo

Si en ocasiones nos proponemos crear una imagen rutilante —y lo rutilante no es dorada rutina, por adorada que sea—, tendremos que valernos de un medio adecuado, es decir coherente, con el propósito de crear tal imagen. Parlando en sí bemol, diremos que comenzamos por tomar un objeto rutilante, lo cargamos de múltiples intencionalidades y así, convertido en vehículo de sí mismo, es decir, en el hablante y lo hablado, pasa a ser, a la vez, el sujeto y el objeto de nuestra poética y la dinamita de nuestra agresión.

Uno puede hablar de una cosa, pero la cosa está ahí —fuera de nuestras palabras. Uno puede hablar de una cosa y valerse de otra —las palabras marchan paralelas al objeto. Pero uno puede tomar una cosa, asaltarla y convertirla en expresión de sí misma. Y se acabó el divorcio: la imagen plástica y la imagen verbal, potenciándose mutuamente, son una misma cosa.

En el caso específico de *La máquina de pedir* —donde la electrónica está en su poética y en su línea de

18

ataque, y no simplemente en la cabina de control—, lo consecuente es valernos de imágenes plásticas adecuadas; específicamente de esos mismos artefactos de los que surge nuestra poética y la ira de nuestra agresión. Claro que podríamos valernos de viejas escobas o de flechas indias emponzoñadas, pero esos objetos —vehículos, digo— nos llevarían por sí mismos a una obra bien diferente a *La máquina de pedir*. Los medios empleados son, fatalmente, lenguaje.

Podríamos ser tercos e insistir en crear con estos otros elementos —escobas y flechas— esa pretendida imagen rutilante. Lo inadecuado de los medios habría que salvarlo con puentes interminables de palabras. La verborrea vendría a ocupar todo el espacio escénico sin dar en el clavo ni una vez, o dando por casualidad, ya que habríamos desembocado en un desencuentro entre la imagen plástica y la imagen verbal.

Sin duda una obra como *La vida es sueño* puede montarse con los, aproximadamente, mismos medios que el *Marat-Sade*. Pese a las distancias temporales que hay entre ellas, las distancias de procedimientos o no existen, o son mínimas. Dichas obras, llevadas a la escena sin recurrir a los elementos técnicos de que hoy se dispone, pueden ser proyectadas sobre el público sin menoscabo de sus valores artísticos. Y en el caso de no querer ser pobretones, los elementos que ofrece la moderna tecnología no darían un paso más allá de la cabina de control, por virguera que fuera.

La electrónica a escena

No se trata de meter a martillazos la tecnología allí donde no ha sido poéticamente llamada por el dramaturgo. Y tampoco es aconsejable sobreponerla en obras cuyos temas son sapos de otro pozo, aunque se trate de los pozos más profundos del alma. El meter ahí una simple linterna sería sobresaltar a los sapos, que son gentes de andar a oscuras. El sopetón de luz acabaría desvirtuando la congénita oscuridad de las cavernas anímicas, lo que constituiría un acto tan garrafal como ponerle gafas de sol a los murciélagos.

Y ahora que nos quedamos totalmente a oscuras podríamos encender la electrónica de *La máquina de pedir*. Tal vez el primer bulto desvelado fuera la sorpresa de cómo y por qué un dramaturgo español se enzarza con un tema que por antonomasia pertenece a la feligresía de los países superindustriales.

Para despejar esta incógnita habría que comenzar preguntándonos hacia dónde cae hoy eso que llaman España. Si la tal sigue postrada al sur pirenaico o alzada sobre su africano sur. Así, todo en sures. Pero tal vez esa vieja cuadrícula geográfica, pese a la berroqueña terquedad que nos insiste, ya no tenga vigencia. La frontera de España ya no está en la frontera, sino en el centro del país: en el aeropuerto de Barajas. Y si hasta en el cielo, donde todo es eterno, hay nuevos caminos, lógico será pensar que en la tierra, donde todo es remolque, algo habrá cambiado.

Puestos a volar, de inmediato nos daremos cuenta que estamos atrapados en el mercado de la cuernicabra occidental. En esa amplia área se juntan y rejuntan hoy todos los cables de las más altas tensiones de nuestro tiempo, incluida la bula de nuestro destiempo.

Pero, además, tenemos otras rutas, las rutas de la lengua. Y viajar por la geografía de la lengua es la primera necesidad de un escritor. Es un viaje que ayuda a liberarnos de los Pirineos mentales, que no por menos visibles son menos tropezones. España, sin esa proyección lingüística, sería culturalmente un país de rinconera, pese al sol y a las bandas de moscas y mosquitos que casi lo nublan durante algunas estaciones del siglo político. La ruta de la lengua es, sin duda, todo un universo, donde, si no se dan todas las venturas, sí se dan muchas de las más arriesgadas desventuras del mundo de hoy.

Y así, trajinando por los caminos del cielo y las rutas del habla, nadie debe extrañarse de que si un dramaturgo español da con sus cuernos sobre un bosque de antenas será por algo más que por ciervo. Sin duda aquí no estamos todavía en el hallado paraíso cibernético, pero sí recibimos ya sus desmanes y la visitación de la C.I.A. Por tales cosas, nadie debe extrañarse, y menos estreñirse, de que un dramaturgo español se ponga a dar cibernética respuesta poética a la agresión electrónica.

Artefactos en otra dimensión

Decíamos, al tratar del pretendido ensamblaje de la imagen plástica y de la imagen verbal, que si pretendemos crear un lenguaje que sintetice y exprese nuestro tiempo, tendremos que valernos de los objetos más significativos de nuestra época, objetos que por todos los resquicios nos acosan. Pero esos artefactos no estarán simplemente sometidos a la tentación consumista, ni a la vigilia alienante. Su presencia sólo estará justificada si funcionan en dimensión poética.

En el lenguaje de *La máquina de pedir* se busca la conjunción plástica y verbal. Ello se resuelve, en primer lugar, apoyándonos en la función que los aparatos electrónicos desempeñan en nuestras oblicuas vidas, y luego utilizando su plástica como vehículo poético de agresión. Así manipulados, esos artefactos ganan dimensión poética, no porque los hayamos convertido en endecasílabos, sino por estar sometidos a las tensiones poéticas de la estructura básica de la obra.

21

La escayola de la guirnalda

Llegados a este punto, convendría decir qué entendemos por eso del teatro poético, no con afán de atarle al cuello la losa de la definición ¡y ahí te hundas! Sin duda hay cosas distintas que suelen apodarse de poéticas. Y cuando de teatro poético se habla, suele tratarse de un teatro contado en términos de palabra poética. Es decir, que a un asunto de corte realista-naturalista se le sobrepone un verbo de corte poético y se le coloca en la escena. Si el traje está bordado con primor, sonará bellamente. Pero esa belleza exterior no modificará, en absoluto, la estructura lineal del asunto. No brota de la estructura, puesto que en ella no hay quiebro poético. Simplemente se trata de envolver un argumento. Y la palabra será sólo eso: la escayola de la guirnalda.

La carencia de estructura poética de este tipo de teatro se pone en evidencia a la sacra hora del montaje. Tanto el escenario como el movimiento escénico, se verán determinados por las obligaciones propias de una verosimilitud forzada a seguir paralelos de realidad para hacerse creíble. Los retoques desquiciadores que se le echen encima, por alambicados o patizambos que sean, no trastornarán su esencia.

Con frecuencia, a alguna de estas obras se las fuerza a entrar, a puro calzador, en artefactos escénicos, que en sí mismos son poéticos. Lo que ocurre es que dichos artefactos, por ser ajenos a las leyes que configuran el texto, acaban devorándoselo. Digo, para darle un respiro. En realidad comienzan por ahí.

Estructura poética

A grandes rasgos, puede intentarse la descripción de otro teatro poético. Un teatro cuya estructura no está asentada en la linealidad del suceso directo o histórico o biográfico. Esos elementos pueden entrar en el juego, pero no como componentes autónomos, ni en calidad de testigos. Los testigos, sobre todo cuando son veraces, difícilmente colarán por poéticos. Por patéticos, puede. Pero esa ya es harina del costal lacrimógeno.

Bajo este otro concepto de lo poético, suelen barajarse diversos temas, mezclando el tocino con la velocidad y Roma con Santiago —mezcla que tanto desesperaba a los neoclásicos, empedernidos racionalistas. La baraja de temas se hace posible porque el elemento aglutinante funciona a contramano del hábito lógico, que se cocina en frío y se desvive por no apartarse de los paralelos de realidad.

Pero en este caso, tanto la palabra como el movimiento escénico, amén de los demás concurrentes de la acción dramática, están impulsados por la poética interna de la estructura. Quiero decir que si todo funciona poéticamente se debe a que todo está dominado por las tensiones de la estructura básica, poética en sí. Y el conjunto del lenguaje escénico, sometido a las tensiones poéticas de la estructura, funcionará poéticamente, sin necesidad de recurrir a la escayola de la guirnalda.

Los personajes no entran porque hay una puerta ni se suicidan porque haya una ventana. Los actores no están encarnando un personaje tipo, o un determinado carácter. En realidad, debemos pensar que no hay personajes sobre la escena, sino actores-soportes de la acción dramática.

Autonomía poética

Para que el teatro pueda utilizar a fondo todas las posibilidades escénicas, habrá que comenzar por un texto que sirva de catalizador. Me refiero a un teatro cuyo libro esté forjado a partir de una estruc-

23

tura básica, concebida en fusión poética, y no trabajado por la vía del hábil ensamble.

Se trata de un teatro, de un arte, cuya poética se justifica a sí misma. Tiene su propio universo. Es decir, que no está supeditada al código de la realidad, sino que, destruyendo ese código, impone su propio código. Crea, en consecuencia, una verosimilitud que es autónoma. Su validez artística y su autonomía son una resultante de su potencialidad destructiva. Entiéndase que no estoy hablando de volar puentes, ni catedrales, ni bancos, sino esquemas mentales. Esos esquemas rutinarios que guarda el oro en paño de la pereza política y mental.

Tal vez, para aclarar ese punto de verosimilitud autónoma, nos valga apoyarnos en la obra de algunos de los plásticos de nuestro tiempo que cuando crean el objeto artístico, están creando su justificación poética. Algo muy semejante, de no ser lo mismo, a esa autonomía planetaria que se dio y aún se sigue dando en la poesía y en el arte de los pueblos primitivos.

Esto, aunque maltrecho, también es, o ha sido, consustancial dentro del marco de la civilización europea. Para encontrarlo hay que dar mucha marcha atrás o un acelerón hacia adelante. En medio, un en medio espesísimo, está ese pedestre intento de llevar las artes a competir con las ciencias. En nombre de lo funcional se descalabró lo poético. Los escritores se convirtieron en notarios y los plásticos en ilustradores de la historia, de una historieta fatua.

Y así surgió ese humanitarismo puramente civil, sin raíces. Historicismo, didactismo, redentorismo social. El arte, convertido en maestro de escuelas o en diputado, pasó a ser el subterfugio de nuestras frustraciones, colectivas o personales. Tal utilitarismo fue tanto como convertir el arte en un consolador japonés, que te lo sacás y te lo ponés.

Pero no todo ha sido consolación. La desesperación ha dejado sus huellas y las sigue dejando en las más recientes creaciones —esas creaciones que conectan con los elementos básicos de algunos sobresalientes plásticos contemporáneos. Y pienso que, en cierto sentido, los plásticos nos han redimido de muchas y variadas servidumbres mentadas.

Concretándonos ahora a nuestro concretísimo caso, podríamos aducir que, cuando recurrimos a la utilización de animales, lo hacemos tomándolos como elementos básicos. Apoyándonos en los rasgos de su significación universal, los convertimos en vehículos de nuestro lenguaje, aunque, a veces, modifiquemos ese significado.

Los animales, contrariando a los hombres, son siempre los mismos animales desde todos los puntos y contrapuntos del planeta. Digamos que son planetarios sin vuelta de hoja y de primera clase. Esa estabilidad de conducta simplifica muchísimo los trámites a la hora de someterlos a la tiranía de nuestras manipulaciones. Por el contrario los hombres se pueden prestar a confusión. Son demasiado personalistas y cada uno dice tener su propia biografía. Los animales, todos tienen la misma.

Pero, ¿y las máquinas? Éstas, pese a ser creaciones humanas, a la hora del vapuleo, parecen responder a las mismas señas y contraseñas que los animales. Y, aunque expresen un mundo distinto o contrapuesto al de los animales, se observa en ellas la misma estabilidad de conducta que se observa en los tales. Pero no de Miletos, sino que unas y unos, animales y máquinas, cada cual en su esfera, resultan ser factores inalterables de un universo mítico, o digamos poético.

Y al hombre, ¿le excluimos de una vez por todas de la estratosfera del arte? Sin duda sería lo más aconsejable, dado lo inconstante de su conducta. Se empeña en querer levantarse como un ser histórico, en ceñirse a una nacionalidad y a un idioma, en lucir una psicología diferenciada, diferenciante y distante, amén de otras mil zarandajas. Todo ello al servicio de causas inconfesables, lo que casi le hace inservible a la hora del elemento básico que andamos buscando. Nos perdemos en sus diferencias.

Para que esto no siga ocurriendo y no hacerles injusticia a estos dichosos seres, les mediremos con la medida del hombre, rasero de su universalidad, y les recetaremos su propio catón democrático. Medido por sí mismo, democráticamente, se encontrará que puede funcionar como elemento básico, sin disgusto, y en casos muy a gusto, al mismo nivel que los animales y las máquinas.

En una palabra, dejándonos de hacer humanismo para hacer arte, convirtiendo al hombre no en fin sino en vehículo de nuestra poética, es posible que vuelva a recobrar la mítica que él ha perdido, mientras que los animales nunca la perdieron y las máquinas no más llegar la han encontrado, incluso las de más recalcitrante electrónica.

No mazarle, sino parlarle al pulpo

En los términos autónomos de esta poética, uno puede tomar un «personaje» y pegarlo al techo. Y allí se queda. También puede pasarlo por el ojo de una aguja, al parecer cosa difícil para el camello e imposible para el ricacho de marras. Ahora bien, si en un teatro así concebido podemos tomarnos estas libertades es por haber renunciado a lo sólido, a la carnicería y huesería del personaje, a crear entes de carne y hueso.

Cuando los actores son portadores de la acción dramática, como sustancialmente no son otra cosa que palabras, palabras y palabras, no les pesa el cuerpo y gozan de una libertad cuyos límites son los límites de lo poético. Pero en un teatro en que los personajes son huesocarnívoros, en que son testimonios de lo real, carecen de esa libertad y, si se les lanza al techo, se vienen estrepitosamente al suelo aunque se les clave con chinchetas. O con los clavos de Cristo.

Son personajes alérgicos al vuelo poético por más plumas y pajas que se le eche a sus decires. En concreto, se trata de personajes que provienen de la realidad, al igual que sus palabras, que dialogan con ella, y esa misma necesidad de diálogo que les constituye, también les constriñe. No son poéticamente libres, aunque parlen todo el santo día de conquistar libertades inalienables. Sociológicamente sí podrán alcanzarlas, pero poéticamente seguirán siendo afines al plomo. Y todo intento de saltar este pero les llevará al suicidio o al manicomio, pero no a la poesía.

¿Puede alguien, desde su pretendida realidad, parlarle a un pulpo? Parece ser que puede, aunque antes tendrá que dejar de mazarlo como a pulpo de feria. Después, bajado ya el tal interlocutor de su pedestal de rey de reyes, podrá asumir sin recelo el plano de su interlocutor. Para ser explícitos, dicho locutor tendrá que conformarse con ser uno de los varios elementos básicos de los que hemos venido hablando, ya que estamos tratando de hacer teatro y no de perder unas elecciones o de hacer pinitos sociológicos.

De este modo el juego sería otro. De no asumir esa actitud funcional, el pretendido discurso marcharía por un lado y los bufidos del pulpo por otro. No habría encuentro, es decir, localización de un lenguaje poético significativo. Porque no cabe duda que, al entrar en el área del pulpo, al actuar en su mismo plano, convertido el hombre en elemento básico, entra de lleno y con plenitud de derechos en un mundo mítico, que es de lo que se trata, sea éste persona, animal o cosa. Todo reza lo mismo.

27

Al tratar de un arte, o de un teatro, que no dialoga con la realidad, ni estoy pregonando escapismos, ni trepando altivas y marfílicas torres, y tampoco soñando con pajaritos preñados. Estoy tratando de encontrar las claves que nos aclaren algunas premisas esenciales del arte de nuestro tiempo, de nuestro cambio de rumbo con respecto a las promociones anteriores que, sin duda, también buscaban algo nuevo. De todos modos cabe señalar que entre ellos y nosotros hay una clara señal de ruptura, un cambio profundo de sensibilidad que nos empuja a presentarnos ostentosamente no como hijos legítimos, sino como hijos putativos.

Creo que un arte, que un teatro, que dialoga con la realidad (aunque trate de golpearla con el más viperino de los repertorios verbales o gráficos) evidentemente la está considerando —por el simple hecho de haber entablado ese diálogo— un interlocutor válido. Con semejante actitud, ese arte estará reconociendo en la realidad algún elemento salvable. Con ese propósito redentor el discurso satírico o crítico puede y debe dedicarse a decantar, escoger, pulir, clarificar, resolver, corregir y todo un rosario de terminales -AR, -ER, -IR. Esta coincidencia de finales rimados, que sin duda contiene un altivo presupuesto ideológico, marcha paralela a otro rosario de finales también rimados en -AR, -ER, -IR, cascada en la que desembocan palabras como salvar, componer o restituir. En resumen, se sobrentiende que hay valores por los que debemos velar, padecer o morir.

Las palabras y sus cercanos parientes

¿Y si en la realidad real no hay nada que nos apetezca llevarnos al buche? Esto entrañaría algo más articulado que una simple negación. Supondría la creación de todo un sistema verbal, cuya poética no se apoyaría en los paralelos de realidad. Tampoco se trataría de aquella otra modalidad poética ya mentada en que las palabras funcionan en términos de escayola poética. En nuestro caso, las palabras tenderían a crear su propio ámbito poético, apoyándose, precisamente, en la autonomía de la estructura poética de la obra dada.

Digamos, por otro vericueto, que hay un considerable parentesco entre las formas, o si se quiere las estructuras, que condicionan el juego verbal y los llamados elementos básicos, sean éstos personas, animales o cosas. Nuestro servicio de inteligencia ha llegado a sospechar que las formas verbales siguen muy de cerca la conducta de los dichos elementos, no sé si por envidia o en busca de una autonomía poética semejante a la de los mentados elementos. Pero también pudiera ser al revés.

Y no sería descabellado. Porque aquí, en el barullo teatral en que andamos metidos, el argumento de la obra no sale de las bocas de los personajes, que son una caterva de cesantes, de actores-portadores de la acción dramática, sino que son esos mermados personajes —divinos, humanos, animales o cosas— quienes salen de la boca de las palabras. Así, o casi, los llamados elementos básicos, que por sus características pertenecen a una cierta imaginería popular —mítica y folklórica—, van del brazo de las palabras que los configuran. Claro que no en forma sólida y contundente, sino en la transparente forma de los juegos verbales.

Acercándonos más al enrevesado meollo del asunto, atisbamos que las palabras consiguen su autonomía por un procedimiento semejante al de los elementos básicos. En primer lugar se liberan de su funcionamiento civil, de la represión de la sintaxis y de una misión indicativa empobrecedora. En segundo lugar, al no estar al servicio de la política humana, siempre tan egocéntrica, la palabra suelta ese lastre utilitario que le impedía participar por sí misma en la obra de arte. Se trata de poner coto a su enajenación prepositiva.

Me refiero, naturalmente, a la palabra en el universo de la obra de arte, y no en áreas donde no actúa en nombre de su propia magia, sino en función de las ideas o conceptos racionales a que se la somete. Lo que es muy distinto a jugar con las palabras y moverlas dentro de esquemas de creación popular, rompiéndolos o creando otros nuevos, que también es posible y necesario. La palabra arrastrada por el ritmo de la palabra misma.

Walt Disney, pero a la zurda

El rechazo de los esquemas de realidad implica un rechazo de los esquemas mentales de uso y abuso común, reacios siempre a toda inventiva. Y en arte, si no hay invención, pulula la repetición, la fatiga de las formas creadoras que es sin duda la letra de cambio que más corre. La actitud que rechaza, la creadora, tiene su contrapartida: la de ser, a su vez, rechazada.

Si acierta a utilizar los medios adecuados, el nuevo arte puede romper esa barrera de los resabios que suele oponer el rentable sindicato de la comuna mental. Burlar esas barreras mediante el juego artístico es una de las funciones sociales del arte; es necesario para darle autonomía, y liberarlo de cargas antiartísticas.

Ese diálogo del teatro con la realidad parece destinado a hacernos ver que en ella hay cosas que pueden, y deben, ser salvadas; nos invita a entrar en esa redención, condena incluida. Y es así como nuestro movimiento anímico avanza hacia la escena, penetra en el conflicto en cuestión, y hace que acabemos identificándonos con lo que nos parece digno y rechazando lo que nos parece deleznable. Todo ello según la tabla de cotizaciones al uso.

Busquemos un ejemplo notable. En *El círculo de tiza caucasiano*, de Bertold Brecht, todos nos identificamos, gobernadores incluidos, con la sin par conducta de la cocinera que apaña de los puercos al bebé, al inocente hijo de la Gobernadora que ésta abandonó en su huida. Había triunfado la revolución y su piel de gobernanta peligraba. Ante el miedo, su instinto materno se había declarado en huelga.

Ya se sabe cómo la cocinera cuida al niño y lo oculta de sus enemigos de clase, los triunfantes revolucionarios que quieren podar en su cabeza la continuidad de la despótica dinastía derrocada. La cocinera arriesga en ello su vida y su felicidad personal.

¿Y qué ocurre a la sala ante una humanidad de tan alto calibre? Pues la sala, gobernadores incluidos, llora y palpita por las heroicas peripecias de la tal cocinera. Sobre ella llueve el cúmulo de las infinitas virtudes humanas y humanoides. Con la sala en vilo, el baño de lágrimas lubrifica e iguala los cojinetes de todas las conciencias. Tal vez esta lacrimógena unanimidad sea controversia acuciante en la realidad. Pero eso está fuera de la sala, muy lejos, invisible desde la escena. Aquí el humanismo mayúsculo nos anuda la garganta con una misma e idéntica rueda de molino, comunión de los ángeles.

Para no caer en la tentación de crear semejante Walt Disney de zurdez, se puede seguir otro camino y escribir contra el público, en vez de degradarlo, tomándolo como clientela ideológica, para no hablar en términos crematísticos que, aunque suelen ser los móviles corrientes, no son los de Brecht.

Escribir contra el público implica no lanzar desde la escena propuestas cautivantes ni mostrar actitudes ejemplares. Vivimos una época de ruptura y nadie que se estime acepta tutelas. Nuestros padres todavía fueron hijos de padres ejemplares, por tales se tenían, hijos de abuelos ejemplarísimos. Los padres jóvenes de hoy, tanto aquí como en otras partes, no tratan de venderse como productos ejemplares. Saben que no lo son. Y no digamos los que vienen detrás. Creo que ese cese de ejemplaridad es lo que está mejorando nuestro entorno.

Puestos a ser realistas, si en la vida la ejemplaridad es rechazada, ¿por qué drogar con ella desde la escena?

Claro, se me dirá, que hay maneras y maneras de hacer arte realista. Yo no digo que no, pues todos sabemos que son muchos los caminos que llevan a la creatividad. Pero algunos llevan menos. Y esta resta, aunque nos duela el corazón, será mayor en la medida en que el arte, un arte cualquiera, sea utilitario. Es decir, que su esencial condición de comunicación estética se vea ahogada por su contenido, social, político, psicológico, etc. Claro que esos componentes han de entrar en la obra de arte; son ingredientes indispensables y no hay obra de arte importante que no los contenga. Pero en el guiso del arte, como en cualquier otro guiso, es fatal cuando todo lo invade la pimienta, el perejil o el clavo, crucificando así el arte culinario.

A contramano de la realidad

La actitud de escribir contra el público no buscará la fusión de las confusiones anímicas y mentales. El público no será un mero cliente, ni el artista un menguado camarero.

Y la acción dramática caminará hacia la irracionalidad extrema. Ya no lanzaremos desde la escena situaciones conmovedoras, engarzadas en vidas ejemplares o apendejadas. Nada de salvavidas ni boyas que uno pueda utilizar para sentirse realizado o reconfortado en su duelo interno. Los personajes que

32

pululan por la escena, ni por pienso se encontrarán en la guía de teléfonos. Digamos, mejor, que no serán personajes, sino palabras, palabras parturientas que irán configurando personajes cambiantes según las exigencias de la manipulación de los muchos lenguajes que hay en una misma lengua y que los actores, como portadores de la acción dramática, se ven obligados a gargarizar, incorporando una gesticulación adecuada a la manipulación poética del lenguaje.

Así, pues, hay un teatro que toma de la real realidad personajes y situaciones con los que entabla lo que dimos en llamar un diálogo con la realidad. Y otro que, en vez de tomar esos elementos de la real realidad, toma escuetamente el lenguaje, el lenguaje como totalidad del producto social bruto en que están refugiados o cristalizados todos los posibles e imposibles esquemas de realidad, materiales y mentales, visibles e invisibles. El dramaturgo los baraja, juega con ellos a su aire, los manipula hasta destruirlos, siguiendo una técnica muy semejante a la de los políticos más hábiles.

Cuando se toman de la realidad situaciones y personajes, la poética que automáticamente se pone en marcha tiende, lógicamente, a seguir los llamados paralelos de realidad. Ello implica tomar y usar como válidos unos contenidos ideológicos que configuran el arsenal de los esquemas establecidos de la muy legítima y santa realidad por más que con paños calientes, o recurriendo a los ácidos de la crítica, se les exija un propósito de enmienda o se los ridiculice o deforme.

Al tomar de la realidad el lenguaje y manipularlo poéticamente llevándolo hasta su extrema irracionalidad, hasta el precipicio de su destrucción, no estamos simplemente volcando nuestra mala uva —la mala uva no da para tanto—, ni estamos tratando de plasmar una realidad criticándola, sino de romper los esquemas mentales del copioso gremio de la realidad, propósito muy alejado, y a mi ver mucho más radical, que ése de andar auscultando el pálpito de la identificación.

Como este teatro no hace de la realidad un interlocutor válido, como no camina hacia la racionalidad sino hacia la irracionalidad extrema, ningún espectador, a sabiendas, puede llegar a identificarse con la acción escénica. Y esto es lo que se pretende, que no se produzca esa actitud de identificación emociorracional. El público, bajo el fuego de las continuas descargas de irracionalidad que se lanzan desde la escena, se ve obligado a rechazar.

La sin razón, píldora racionalizada

Se trata, en consecuencia, de romper la plácida comunera de los esquemas de realidad. Al volcar sobre el público esas mentadas cargas de irracionalidad, la tal identificación no se atreverá a asomar el pico por ninguna parte. ¿Y qué ocurrirá? ¿Se dormirá el público al no entrar en contacto emocional con la escena? Que no haya identificación no quiere decir que no haya contacto. Lo hay, pero diferente.

Está más claro que el agua. que las cargas de irracionalidad serán rechazadas por los espectadores, y eso es, justamente, lo que se anda rondando. Concretando, las cargas de irracionalidad que se lancen desde la escena chocarán contra los esquemas mentales de los espectadores. Pero tal choque no podrá hacerse nunca desde un plano colectivo ya que la agresión escénica no tiende a englobar, sino a *diferenciar*. Es decir, que el discurso escénico no será un puente hacia la emotividad o racionalidad colectiva: por el contrario, cada espectador se verá forzado a rechazar por sí mismo tal agresión. Y lo hará, no desde la conmoción general, ya que ésta difícilmente

34

podrá darse, sino desde sí mismo, sin comparsa solidaria, desde su individualidad. Y la búsqueda de esta negación le obligará a poner en marcha todos los resortes, mentales y emocionales, desde la altura de su sensibilidad, cultura y grupo social.

En una época que desde todos los ángulos de la vida —política, comercial, cultural y demás parientes— nos empuja hacia la masificación, se hace necesario reforzar nuestra inalienable individualidad, nuestra diferenciación personal. Y no creo que con ello esté propiciando un individualismo disgregador, como nos atizan algunos políticos. Una cosa sería eso y otra bien distinta es secundar el aborregamiento colectivo. Las personas, inevitablemente, coinciden siempre en grandes grupos, pero ello no impide que cada cual participe en la vida social desde sus diferencias, con lo que el panorama será mucho más rico, divertido y variopinto.

Pensemos que el gran problema humano de nuestro tiempo es la industrialización de la monotonía y el aburrimiento, sobre todo en los países altamente desarrollados; queramos o no, y sin llegar a lo aberrante de la vida norteamericana, ése es nuestro medio o el que amenaza serlo. No en balde, y en todas partes, se habla del peso de las mayorías silenciosas.

Hubo un tiempo en que tal vez fue preciso un teatro que tratase de salvaguardar los postulados de la razón, puesto que la razón había sido asaltada. Hoy, esas fuerzas que en su día se unieron para defender la razón, tratan de embaucarnos manipulando todos los medios de que disponen el poder político para racionalizar nuestra alienación.

¿Y qué ocurre? Que en cualquier parte, sobre todo en los países ya casi postindustriales, el poder dispone de elementos de prestigio mítico —piénsese en la cibernética y sus secuaces— capaces de hacernos tragar la píldora de la irracionalidad perfectamente racionalizada —así nos la venden. Y de ese camelo chupamos a toda mecha sin pararnos a medir la distancia que hay entre razón, mayúscula o minúscula, y los prestigiosos mecanismos electrónicos que en un santiamén son capaces de racionalizar toneladas de interesada —y nada artística— irracionalidad.

Frente a tal panorama, y pese a nuestras más sanas y santas intenciones, si ofrecemos desde la escena una mercancía que trate de dialogar con la realidad, estaremos respaldando un cheque de valores que han periclitado. Y para contribuir a destruirlos hay que comenzar por no considerarlos interlocutores válidos. No dirigirles la palabra, ya que ella es su última guarida.

Vueltas a la noria

Al comienzo de la película la imagen plástica de *Clockwork Orange* no dialoga con la realidad y alcanza su plenitud estética. Sus otros fines se van cumpliendo a lo largo del film. Ante realizaciones de este tipo, un autor de un país como España —donde la creación está paralizada desde el punto de vista de su realización escénica puede sentirse abrumado cuando ve imágenes plásticas muy semejantes a las suyas. Diríamos que son una especie de asaltos fragmentarios que le atacan por allá o acullá. Lo que hace evidente que vivimos en un mundo que gira a tal velocidad que todas las coincidencias de sensibilidad son posibles.

En el teatro, por las características estructurales de la obra dramática, sí puede mantenerse la imagen plástica, ya que el correveidile no es la cámara, sino los actores. Mi preocupación estética actual es llegar a la fusión de la imagen verbal y la imagen plástica, haciendo lenguaje de la plástica y visualizando la palabra. Trato de lograr una totalidad expresiva, sonora y plástica a la vez.

Y sobre teatro, notas

Las obras aquí agrupadas pertenecen a distintas etapas, articuladas en la docena de años que va de *Los mendigos* a *La máquina de pedir*. Colocando una sobre otra, tal vez pudieran parecer de distintos autores. Pero una estética no es una cárcel, sino algo que se va formando o deformando. Ello justifica las diferencias que pueda haber entre unas y otras, ya que su autor ha procurado no pasarse esa larga docena de años apoltronado en comodines artísticos fijos.

Cuando se escribe un drama, se presentan, además de los problemas específicos de su escritura, otros —digamos— ajenos a nosotros, pero no por eso menos importantes. Así *Los mendigos* o *La secretaria*, escritas en Buenos Aires en 1957 y 1960, reflejan de algún modo mi relación con el teatro que se hacía entonces tanto en Montevideo como en Buenos Aires. España era un páramo escénico, mientras que por aquellas ciudades desfilaba lo mejor del teatro de la época, tanto oriental como occidental.

En ese clima exterior, rico en textos modernos —y clásicos— y en excelentes puestas en escena, yo buscaba en mi interior los cauces de una expresión dramática propia. Sin duda mi polémica estaba más centrada hacia los autores más próximos a mí, tanto en el espacio como en el tiempo. Incluso podría decir que mis diferencias se acentuaban al entrar en contacto con algunos dramaturgos que conocía personalmente.

¿Qué me diferenciaba de ellos? Esencialmente pienso que el énfasis imaginativo y el uso del lenguaje, es decir, el lenguaje como materia prima esencial de la creación dramática. La incursión imaginativa me fue llevando a la elaboración de estructuras dramáticas que se apartaban de las narrativas, así como a superar lo efímero de los datos tomados de la realidad directa.

La elección de estos puntos de vista me mantuvo alejado de lós escenarios. El teatro que más circulaba por allí entonces era producto de un quehacer militante, no artístico.

Son lo que no son

Si en los mendicantes de *Los mendigos* tratamos de ver pobres corrientes y molientes, nos ocurrirá lo mismo que con los pobres de *La máquina de pedir:* sus palabras no suenan a las palabras habituales en los pobres. Y no lo son —en sentido literal— por la interferencia de la manipulación poética del lenguaje, manipulación que desplaza esa primera imagen de su lugar habitual. Así, los mendigos o los pobres de estas obras, sin dejar de ser lo que representan, adquieren su verdadera dimensión al ser considerados como vehículos de marginación social. La manipulación del lenguaje los sitúa en un plano que trasciende su simple, llana y directa significación. Y más que salir las palabras de sus bocas, son ellos quienes salen de la boca de sus palabras.

De la parla a la escena

En páginas anteriores hemos hablado en términos generales y abstractos, tratemos de hacerlo ahora en términos concretos, para lo que tomaremos algo manejable, *El rabo*.

Se trata de una obra cuya estructura básica está

articulada sobre un cuento que llegó a mí por tradición oral:

> Una vez, hace ya mucho tiempo, se reunieron todos los perros para celebrar la belleza sin par de una perra hermosísima. Al llegar a la fiesta, los perros se quitaban el rabo y lo colocaban en el perchero para no pisárselo unos a otros durante el bailongo. Pero todo se alteró cuando hizo su aparición la perra de la sin par belleza. Todos querían bailar con ella. Y comenzaron los ladridos, los mordiscos y los golpes que convirtieron el sarao en batalla.
>
> Los perros acabaron huyendo. Apresurados, tomaban el rabo y salían zumbando. Al día siguiente, se dieron cuenta de que todos habían cogido un rabo que no era el suyo...

Hay otras versiones del mismo asunto. Entre ellas, la del perro que mandaron a comprar pimienta y que jamás volvió. De ahí la ritual olida en busca de la sonada pimienta.

Con esta trama puede hacerse una obra infantil o una perversa o, siguiendo su propio aire, una puramente folklórica, digamos, sonando a redundancia, que popular folklórica. Pero si al manejar ese material básico le agregamos otros componentes —oratoria política, rivalidades ideológicas, policía, etcétera—, el resultado será otro. Ya que son precisamente esos componentes agregados los que dan a la fábula un nuevo sesgo.

Frecuentemente yo echo mano de estos materiales que andan por ahí de boca en boca. Pero también ocurre que no siempre se encuentra uno estructuras que permitan un mayor desarrollo o, mejor dicho, que resulten adecuadas a nuestra creatividad. Y entonces hay que inventarlas. Porque esas que hoy van de boca en boca, también alguien, un día, las inventó. Y esta línea de invenciones, por sofisticada que aparente estar, creo que responde a las características esenciales de la tradición popular oral o escrita.

Imaginería popular

Siguiendo este orden de cosas se puede hablar ahora de los animales que pueblan mi teatro: perros, asnos, monos, cuervos, pulpos, loros, etc. Todos estos bichos pertenecen a la imaginería de la fabulística popular de todos los tiempos, incluidos los mecanicistas tiempos nuestros —de ahí la presencia de máquinas que hay en dicho teatro. Esos animales, lo mismo que las máquinas, tienen un significado que es visible desde todos los ángulos, lo que no impide que cada uno de nosotros lea en ellos cosas distintas, ya que sin duda las hay, y es nuestra percepción individual la que las encuentra o la carencia de percepción la que se las salta. Y tengan patas o ruedas, sangre o electricidad, son los portadores indiscutibles de un mundo poético cuajado en fábulas e historietas topadas o inventadas. Riman lo mismo.

La existencia de animales o máquinas en la escena tiende a deshumanizar y a distanciar. En la medida que esto ocurre, la obra gana dimensión poética y trascendencia mítica, a la vez que intemporalidad. Estos elementos no son un fin en sí mismos, sino que son vehículos de la perversidad poética del autor, digo que casi sus víctimas, tanto en el plano verbal como en el plástico.

El fracaso animal

Hay quienes han dicho que si otros autores y yo metemos animales en nuestros dramas, lo hacemos con el propósito de 'pasar censura'. Yo no sé, exactamente, qué porcentaje puede haber de esto. Sin duda en mi teatro hay una constante voluntad de ocultación, pero no la veo menos disimulada en el *Quijote*. Es más, sin esa necesidad de ocultación sentida por Cervantes, su obra sería distinta, tanto en forma como en contenido. Por sí mismas las técnicas de ocultación generan toda una cadena de alteraciones que acaban configurando una estética a la que no se llegaría si no hubiera gusto o necesidad —o las dos cosas a la vez— de recurrir a dichas técnicas.

Pero la ayuda de los animales no ha sido negocio a la hora de la censura, pese a lo que algunos calculan. Sin necesidad de recurrir a otra estadística que la de los dedos, saltará a la vista que quienes recurrieron al pasaporte animal pasaron menos veces la aduana que aquellos que se ciñeron a la ley del documento *ad hoc*.

Si con frecuencia los animales fracasaron a la hora del censor, tal vez se debió a que éste se quedaba perplejo ante la conducta escénica de aquellos. Y pensó que dos perros parlando, un elefante con empalmado de trompa, un asno consejero y espía, unos escorpiones que retornan, o un mono pasándose de lleno al bando de las cristianas virtudes, pueden ser algo más agresivo que encolerizadas personas ejerciendo funciones paralelas.

Y digo que tal vez no vio mal el censor, aunque el afán de dar con el gato encerrado le llevó a excesos tales que siempre que se atopó con un animal escénico creyó ver un estadista, divino o humano, pero a fin de cuentas temible. De ahí el atajo de cortar por lo sano, ya que el tijeretazo es seguro donde nunca te pillas los dedos.

Escobazos y razón de ser

Además de otros pesares, la presencia animalística que se da en mi teatro puede tener uno de sus poyos en mi estirpe galaica. Ya se sabe que en Galicia los animales solemos andar indiscriminadamente mesturados con las personas y si no comemos en el mismo plato, sí solemos dormir bajo el mismo y familiar tejado.

Lo de llevar animales a escena fue siempre cosa del arte de todos los tiempos, tanto en la plástica como en la literatura. Y si esta práctica fue más rara en los últimos cien largos años, creo que la limpieza se debe al predominio pragmático de la mentalidad burguesa que los sacó a escobazos de todos los andurriales del arte. Y también, pese a mi corazón, hicieron lo mismo corrientes racionalistas antiburguesas, tal vez por aquello de curarse en salud. Pero los animales nunca dejaron de pulular, sueltos o amarrados, por los suburbios de la mentalidad popular. Si hoy su presencia no deja de causar sobresalto, tal vez se deba a que, en las salas de espectáculos y en las cavernas de nuestra sensibilidad, haya más resabios burguesoides que los computados.

En consecuencia, se comprende que nuestro altivo humanismo se subleve al verse expresado por el cotorreo de un loro, la boca de un asno o el aspaviento gesticulante de un pulpo, pese a sus tentáculos. Lo cierto es que por orden de un saber superior, esas vetas de la perversa animalidad animal fueron, egocéntricamente, suplantadas por las de la humana.

Máquinas y animales en flecha

Claro que también en mi teatro hay máquinas o animales mecanizados, como es el caso de *El asno*. Esta simbiosis es en parte indicativa de que algo llevan en común, ya que pueden casarse sin mayor herejía. Las máquinas escénicas pertenecen —si bien marcando otro tiempo— a la misma poética de los animales convocados. Las máquinas, nuestras redentoras, tendrán, igual que los animales una tendencia oculta y mítica. No en vano juró Curros, un poeta gallego de la pasada centuria, que la máquina era el Cristo de los tiempos modernos.

Pero tal vez haya otras cosas. Estos animales que han recuperado su expresión perdida, sea oral o gesticulante, nos remiten a un mundo ancestral, mientras que las máquinas desembocan más bien hacia el futuro, hacia la mítica futuróloga que, al parecer, ha dejado de ser redentora. Si al manejar los animales nos movemos dentro de una tradición recuperada, la aparición de las máquinas nos conecta con el lenguaje de la tecnología, la publicidad, la ciencia-ficción, la tecnocracia y otros etcéteras de tracción energética.

En última instancia, tanto si se animalizan o se mecanizan las obras teatrales, se trata en ambos casos de encontrar vehículos apropiados de lenguaje poético, plástico y verbal. El dramaturgo los emplea siguiendo la flecha del sentido aceptado en animales o máquinas, sentido remarcado por el uso, los vicios y las virtudes de esos elementos. Si se operara a contramano de esa flecha indicativa, no saldría el juego. En la imaginería popular el pulpo, por ejemplo, tiene unas determinadas connotaciones, una significación clara, que hace que el espectador intuya las cargas *secretas* al reconocer, claramente, el vehículo. Si un pulpo y una cucaracha son dos bichos distintos, también lo serán sus cargas intencionales. Claro que podemos invertir las funciones y encontrarnos con un pulpo que nada abarca ni mucho aprieta, un pulpo irrisorio, aunque no por ello deje de apearse de su nivel poético.

El resultado de lo resultante

Si lo mezclamos todo: pulpo, dama, mendigos, máquina de pedir, miembros del consejo electrónico,

43

ricos, enanos, máquina de robar, pajaritero, gángsteres, sádicos, diablos, policías, presentadores de
televisión, etc., el resultado dará una mezcla uniforme:
un lenguaje poético que va o que viene utilizando a
esos no personajes como vehículos de la acción
dramática.

Podrá decirse que todo esto tiende a fundirse
en un jeroglífico de símbolos, donde sólo se pierdan
los paraperdidos. Resulta que en el arte, cuando
se tejen varios niveles de significación, el símbolo
acaba asomando la oreja, pero no más que en don Quijote, Hamlet o Segismundo, para no hablar de
Edipo.

El símbolo no se puede prefabricar. Lo alcanza
o no lo alcanza el lenguaje, pese a su servidumbre
inmediata y utilitaria. Si lo alcanza, como resultante,
también él mismo es lenguaje. Y un lenguaje totali-
zador, pues a cierta temperatura artística las cosas
tienden a fusionarse y su lectura global sólo puede
abarcarse mediante lecturas sin alergia a la abstrac-
ción simbólica, que es, por excelencia, una lectura
universalizadora.

Pienso que el arte, aunque de un modo NO pro-
puesto, tendió siempre hacia ese tipo de lecturas.
Tengamos en cuenta que, pese a nuestras novedades
e invenciones, estamos usando vehículos llenos de
contenidos populares, modernos o ancestrales, donde
la maldad y la inteligencia poética van a la misma
misa cantada o rezada.

Las obras incluidas

La máquina de pedir (1969).   Obra contratada a
finales del ministerio de Fraga Iribarne, por el organismo autónomo Teatros Nacionales y Festivales
de España, para ser estrenada en un teatro nacional.
La caída de Fraga ha dificultado hasta el presente

el cumplimiento del contrato, firmado entre el representante de dicho organismo y el autor. La obra pasó censura con algunos reparos de carácter erótico y religioso. En 1970 fue publicada por *Siglo XXI de España*, junto con *El asno* (1962) y *La ciencia de birlibirloque* (1956). Contratada por Kurt Reiss, agente teatral alemán de Basilea, ha sido traducida al alemán por María Bamberg. En Estados Unidos, J. S. Bernstein la ha traducido al inglés.

Los mendigos (1957), *The Beggars*, en la traducción al inglés de John Pearson, quien la dirigió en el Departamento de Teatro de la Universidad de Pennsylvania (University Park), en abril de 1968. Aunque en lengua inglesa, fue éste el primer estreno del autor. La versión de Pearson fue publicada en otoño del 68 en la revista *Drama & Theatre*. Publicada por Escelicer, volumen 632, Colección Teatro, hubo de ser retirada por dificultades administrativas, aunque gran parte de la edición se vendió en Estados Unidos y en Francia. En San Sebastián, durante el I Festival Internacional de Teatro Independiente, de 1969, un grupo de aquella localidad no fue autorizado a estrenarla durante dicho Festival. Un año después, alumnos universitarios del Colegio Mayor San Pablo, de Madrid, dieron una tarde dos representaciones sin pasar censura.

La secretaria, primera parte de *El bacalao* (1959), fue escrita en Buenos Aires, al igual que *Los mendigos*. En 1969 fue adaptada para café-teatro. Así se estrenó el 2 de mayo de ese año en Lady Pepa, que fue el primer café-teatro establecido en Madrid. Publicada en la Colección Teatro de Escelicer, volumen 632, primero en unión de *Los mendigos* y después, sustituida ésta, junto a *El mono piadoso y seis piezas de café-teatro*.

Los mutantes (1968), estrenada en igual fecha en

Lady Pepa. Escelicer, volumen 632, Colección Teatro.

El rabo (1968).   Estrenada en el Instituto Internacional de Boston, Madrid, el 27 de mayo de 1969. Publicada en *Revista de Occidente*, junio de 1969, y luego en Escelicer, volumen 632, Colección Teatro. Traducida en Estados Unidos al inglés por Marcia C. Wellwarth, bajo el título de *Tails*, fue publicada en Nueva York por la revista *TDR*, en un número dedicado al teatro político, en 1969. Esta versión inglesa se ha estrenado en 1970 en el Departamento de Teatro de la Universidad de San Diego, California.

Los ojos (1969).   Estrenada en el Instituto Internacional de Boston, en Madrid, el 27 de mayo de 1969. Escelicer, Colección Teatro, volumen 632.

El padre (1968).   Escelicer, Colección de Teatro, volumen 632. De sus varias puestas en escena, tal vez la de mayor relieve haya sido la dèl grupo *Gogó*, Barcelona, 1973.

El supergerente (1968).   Escelicer, Colección Teatro, volumen 632. Varias puestas en escena, pero ninguna registrada.

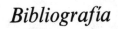

Bibliografía

OBRAS PUBLICADAS

«El rabo», *Revista de Occidente*, Madrid, junio 1969.

«Los mutantes», *Primer acto*, núm. 112, Madrid, septiembre 1969.

«Los ojos», *Primer acto*, núm. 112, Madrid, septiembre 1969.

Los mendigos y seis piezas de café-teatro (Los mutantes, El rabo, Los ojos, La secretaria, El padre y El supergerente). Madrid, Escelicer, Col. Teatro, núm. 632, 1969. La editorial se vio obligada a retirar la edición y sustituir *Los mendigos* por *El mono piadoso*.

«Curriculum vitae», *El Urogallo*, núm. 2, abril-mayo 1970; también en *Teatro difícil*, Madrid, Escelicer, Col. Teatro, núm. 690, 1971. Incluida en *Antología de lecturas* de Bárbara Mujica, Nueva York, Harcourt Press., 1974.

El bacalao (fragmento), en *Teatro difícil*.

La máquina de pedir, *El asno* y *La ciencia de birlibirloque*, Madrid, Siglo XXI, 1970.

El rabo, en antología preparada por Emmanuel Larraz, *Teatro español contemporáneo*, París, Masson, 1973.

El hombre y la mosca, *España en el siglo XX* (Nueva York, Harcourt Grace Janovich, 1974), por Antonio Regalado, en colaboración con Gary D. Keller y Susan Kerr. Una versión revisada de *El hombre y la mosca* se publicará en una antología que actualmente prepara Andrés Franco, Nueva York.

«*El bacalao*», antología de Anthony Zahareas y Bárbara Mujica, *A Reader in Spanish Literature*, Nueva York, Oxford University Press, 1975.

TRADUCCIONES

A<small>L INGLÉS</small>:

Los mendigos, Drama and Theatre, 1968.
El asno, Modern International Drama, 1968: premio «MID»: la mejor obra publicada en esa revista durante el año 1968 (revista dedicada a obras extranjeras).
El rabo, The Drama Review, 1969, Nueva York.
El bacalao, Modern International Drama, 1972.

George E. Wellwarth volvió a imprimir la traducción inglesa de *El asno* en la antología titulada *New Wave Spanish drama* (Nueva York: New York University Press, 1970), junto con la de *El hombre y la mosca,* que también figura en otra antología más reciente del mismo autor, *The themes of drama* (Nueva York: Nueva York, Crowell, 1973).
La máquina de pedir: traducida al inglés, publicada en *MID,* 1975.

A<small>L ALEMÁN</small>:

El hombre y la mosca.
La máquina de pedir, Basilea, Kurt Reiss Verlag, 1970.

A<small>L POLACO</small>:

El asno, Dialog, 1970.

ESTUDIOS SOBRE EL TEATRO DE RUIBAL

George E. W<small>ELLWARTH</small>: «A world premier... where?», *New York Times,* 28 noviembre 1971.
— *Spanish underground drama* (University Park, Pa., Pensylvania State University Press, 1972), págs. 21-37.
— «José Ruibal: dramatic symbolist», *Estreno,* I (1975), págs. 32-35.
Francisco N<small>IEVA</small>: «Cuatro obras de José Ruibal», *Primer acto,* núm. 109 (junio), págs. 62-63.
Miguel R<small>OMERO</small> E<small>STEO</small>: «José Ruibal, impertérrito y explorador de los temas y los anatemas», *Nuevo Diario* (suplemento literario), 30 junio 1974.

Patricia W. O'CONNOR: «José Ruibal feminist unaware in *La secretaria*», *Revista de Estudios Hispánicos*, University Alabama Press, octubre 1974.

ENTREVISTAS

Entre las numerosas entrevistas que le han hecho al autor cabe destacar las siguientes: Carlos González Reigosa y Víctor Valembois, «Entrevista con José Ruibal», *Ínsula*, núm. 298 (diciembre 1970), pág. 4; la que publica Amando C. Isasi Angulo en *Diálogos del teatro español de la postguerra* (Madrid: Ayuso, 1974), págs. 311-320, y Mike Steele, «Spanish playwright spurns jail, speaks out», *Minneapolis Tribune*. Minneapolis, 28 abril 1974.

TEXTOS DE RUIBAL SOBRE TEATRO

Rodolfo C. QUEBLEEN: «Inconformista José Ruibal», *ABC de las Américas*, Nueva York, 30 diciembre 1973.

Del propio autor ofrecen especial interés los siguientes trabajos: «Un teatro como totalidad poética», *Ínsula*, núm. 289, y «Mimetismo y originalidad», *Primer acto*, núms. 123-124 (agosto-septiembre 1970), págs. 45-47.

La máquina de pedir

Personajes:

DAMA, luego MÁQUINA.
PULPO.
PRESENTADOR TV.
DOS ENANOS.
POBRES, luego GUERRILLEROS.
RICOS, luego INVITADOS.
DEMONIOS Y DEMONIOS POLICÍAS.
MIEMBROS ELECTRÓNICOS DEL CONSEJO.
CONSEJERO-DELEGADO.
PAJARITERO.
PERIODISTA.
LADRONES, GÁNGSTERES Y SÁDICOS.
PRESENTADORAS TV.
DOS POLICÍAS.
VOCES GRABADAS.

El espacio escénico está situado en un apartado oasis de una playa de lujo. Desde el mar, que se perfila al fondo, llega la sonoridad de las olas. Se ven botes, colchones de plástico, raquetas de tenis, patines acuáticos, balones, teléfonos de colores, artículos de belleza, espejos, un gong y todo aquello que pueda necesitar o desear una mujer del gran mundo que se pasa la mayor parte del tiempo tumbada al sol.

Cerca de donde está la DAMA hay una pecera o piscina transparente en la que puede nadar un hombre. Dentro está el PULPO amarillo, siempre ocupado, quien al sumergirse en el agua respira a través de una máscara de pesca submarina. Cuando el PULPO está en su mayor actividad, produce un ruido semejante al de un fuera borda. De la piscina sale una cinta transportadora que se pierde en el mar. En el dique seco de la cinta el PULPO da a luz sus petroleros. Éstos, al nacer, son pequeños, pero ya sobre la cinta aumentan rápidamente de tamaño.

A derecha e izquierda, rompiendo el proscenio, hay dos enormes pantallas de televisión, asentadas sobre dos podios, que servirán de escenario a los actores que hacen de marionetas. Cuando éstos pasen de las pantallas al escenario, se convertirán en figuras normales, unas veces de modo automático y otras poco a poco, según el criterio del director. Cuando salgan del escenario volverán a meterse en las pantallas y a ser marionetas. Si las plataformas de las pantallas son giratorias, ello contribuirá a dar un mayor movimiento a la imagen televisiva. Para dar un mayor contraste, estas imágenes pueden tener el color grisáceo de la televisión. Todo cuanto ocurra en las pantallas tendrá una velocidad mayor que lo que ocurra en la escena; tendrá una velocidad informativa.

DAMA. *(En salto de cama, peina el pelo inexistente del* PULPO.*)*

¡Me engorda peinarte! Es uno de mis placeres matutinos. *(Soñadora.)* ¡Los grandes placeres...! Si no estuviesen fabricados, yo podría inventarlos de nuevo. Pero ni en eso debo molestarme: se producen en serie para mí. Y yo me los pongo, me los como, me los destrozo, me los bebo, me los fumo y hasta me los vomito. Los uso con verdadera tiranía. Me siento la enciclopedia del arte de vivir, encuadernada a todo lujo... *(Al* PULPO.*)* Tienes una hermosa cabeza. Y poderosa. La belleza y la fuerza conjugada, como la cúpula de San Pedro. ¡Ay, amor!

(Infla al PULPO *con la boca. Se retuerce como si le estuviera besando.)*

¡Qué placer darte mi aliento! ¡Mi anhídrido carbónico! Algo que mata a los seres inferiores, pero que a ti te alimenta. El amor tiene cosas muy raras. Con mi aliento tu cabeza se pone brillante y despejada. Parece la cabeza ardiente de un poeta. *(Con recelo.)* ¿Serás un poeta?... Sí, pero no peligroso. Eres un poeta de las finanzas. El dinero es también quinta esencia, como la poesía. ¿Por qué van a ser pobres todos los poetas? ¡Detesto la pobreza! *(Le dan escalofríos.)* Si creen que ser pobre es más poético, peor para ellos. Haces muy bien en llevarles la contraria. ¡Quién sabe! A lo mejor redimes la especie. Y así, sin gastar un centavo ni moverlo de su sitio, haces una obra de caridad. Algún día los poetas más sensibles sentirán tu respaldo bancario y no se verán disminuidos. Yo misma, aunque no soy poeta, me siento segura de saberte tan rico. Pero ahora debes dar un paso al frente, trepar por mí y copar el gran mundo. Desecha tu modestia, es tu enemiga. Te has hecho a ti mismo. Eso debería bastarte para hincharte de orgullo. Y además, partiendo de la nada... Es decir, del lodo del mar. Pero no te acobardes: la humanidad salió de ahí. ¡Claro, amor mío! Con la diferencia de que tú, con tu exclusivo esfuerzo, has parido una inmensa fortuna. Tu flota de petroleros cruza todos los mares. Para colmo, todos los días pones uno nuevo. Puedes creerlo: la envidia de la tierra te admira con sus ojos más humanos. *(Vuelve a inflarle.)* ¡Cómo me necesitas! Eso me da tranquilidad. A veces sueño con la codicia que despierta tu inmensa flota petrolera. *(Replicando.)* Las gentes son estúpidas. ¿Cuándo reconocerán que gracias a tus petroleros pude yo acabar con la pobreza en mi opulento país? *(Se pone en pie y grita a la vez que, sin darse cuenta, maltrata al* Pulpo.*)*

¡Soy una gran patriota! Me casé con un genio marino para eliminar la pobreza que avergonzaba a mi nación. Con mi boda, treinta millones de pobres fueron exterminados. ¿Quién puede negar la caridad del braguetazo?

(El Pulpo *se ha quedado seco en sus manos.)*

La pobreza es feísima. Yo no tengo la culpa de ser una mujer hermosa.

(Se sienta. Infla al Pulpo *y lo sigue peinando maquinalmente.)*

¡Qué locura! A veces me siento como si fuera un hada o una sirena... Gracias a mi cuenta corriente no me aparto de la realidad. *(Aterrada.)* ¿Qué es esto? ¡Un piojo!

(Arrastra al Pulpo *de un lado a otro.)*

No, no, esto no puede ser. Piojos marinos, no. Habrá que desinfectar el mar, aunque se mueran todos los peces, ballenas incluidas. Pero yo no puedo tolerar la indigencia, ni que retornes al lodo. Un financiero de tu categoría no puede permitirse el lujo de tener piojos. Los pobres, sí, ellos son libres. *(Le dan escalofríos.)* ¡Qué nerviosa me ha puesto tu cochino piojo! ¿No será cosa de la C.I.A.? A lo mejor nos están haciendo la guerra bacteriológica con carácter disimulado. Si es así, ¡muerte al enemigo solapado! *(Lo mata entre sus uñas.)* De todos modos tienes que cambiar de hábitos. Tú puedes hacerlo; los piojos no. Cuando pretenden subir por la escala social, se mueren.

(Se lava las manos que ha tenido separadas del cuerpo con asco.)

Debo desinfectarlas. *(También desinfecta al* PULPO.*)* Desde hoy en adelante, el agua de tu piscina estará perfumada. ¡No habrá piojo que la resista! Y tú te sentirás cómodo y fresco. Así irás trepando por las conquistas de la civilización. Haré de ti un personaje del gran mundo. No sólo trabajar y trabajar.

(Le infla, aunque esta vez con un poco de asco. Se limpia con la bocamanga o con la falda.)

¡Perdóname! Pero al estar dándote mi anhídrido carbónico me acordé de ese asqueroso de la C.I.A. Los piojos me dan tanto asco como la pobreza. Sin duda, ambos son de la misma parroquia. ¡Olvidémoslo! Esa bacteria no va a destrozar nuestra felicidad. Se ha muerto. Ha pagado con sangre su intromisión en nuestra alcurnia social. Voy a ponerte monísimo.

(Al andar descalza se resiente de sus pies.)

¡Ay, ay, mis uñas! Son uñas de hada. ¿Cuándo van a llegar los jardineros de mis uñas? Necesitan ser cuidadas como Dios manda.

(Da a un botón de la televisión.)

Son exigentes.

(Se enciende la pantalla. Un PRESENTADOR *amanerado.)*

PRESENTADOR.
...Eso pertenece a la prehistoria de la televisión. Si hasta ahora introducíamos en casa propaganda o

la misa dominical, ahora ofrecemos a nuestros espectadores los más variados servicios, desde peluquería y manicura, hasta desayunos, divorcios, ventas a domicilio...

DAMA. *(Harta ya de esperar.)*
  ¡Basta!

PRESENTADOR. *(Muy fino.)*
  ¿Qué desea la señora?

DAMA.
  Ya lo ves: vestir al desnudo.

PRESENTADOR. *(Saca los brazos por la pantalla y le toma las medidas.)*
  ¿Personalidad del cliente?

DAMA.
  Cagapetroleros.

PRESENTADOR.
  ¡Oh, una industria de interés nacional!
(Saca un traje de plástico, con flor en el ojal, lazo y un puro del mismo material. Visten al PULPO.)

DAMA.
  ¡Estás monísimo!

PRESENTADOR. *(Cumplido rutinario.)*
  Elegante... distinguido... invencible...

DAMA. *(Apaga cortándole. De la pantalla sale un brazo seco con la cuenta.)*
  La cuenta, pásesela a su banco. ¡Oh, querido! Cada vez estoy más enamorada. Nuestro amor es como los dividendos: crece mientras dormimos.
(Tira al PULPO en la piscina. Entran andando unos

cajones y se colocan uno al lado del otro. Sus rótulos dicen:)

«Uñas pie derecho». «Uñas pie izquierdo». «Muy frágil». «Manténganme siempre de pie». «¡Gracias!».
(Al Pulpo.*)* ¡Querido! Ha llegado tu regalito. *(Le echa unos besos rutinarios.)* ¡Al fin seré feliz!
(Llama en los cajones. Éstos se abren y salen dos Enanos. *Semejan figuras de fina porcelana oriental. Al salir se sacuden la virutilla. De sus cuellos cuelgan sendos letreros:* «Derecho», «Izquierdo». *Echan aliento a los carteles y los pulen.)*
¡Presenten instrumentos!
(Sacan unos pequeños arcos y la Dama *pasa revista.)*
¡Descanso! *(Enfundan el arco.)* ¿Cuál es tu habilidad?

Enano D.

Yo, leal enano de la derecha, soy experto en afinar y tañer las uñas de la izquierda.

Dama.

¿Y la tuya?

Enano I.

Yo, fiel discípulo de la izquierda, domino la teología y la práctica de afinar y tañer las uñas de la derecha.

Dama.

¡Siempre la maldita subversión de valores!

Enano D. *(Canta y se acompaña rasgando su arco.)*
          Después de tantos follones
          lo hemos adivinado:
          un cuerpo sin mano izquierda
          es un cuerpo mutilado.

Enano I. *(Hace lo mismo.)*
          Para conservar el tipo
          la consigna está en la brecha:

59

que si quieres ser realista
camina por la derecha.
(Marchan en direcciones contrarias.)

DAMA.

Para evitar la confusión ideológica, este gong os
dará mis órdenes. Y aquí, para hablar, basta con mi
boca. *(Da un golpe de gong. Los* ENANOS *dicen sí con
la cabeza.)*

Veo que puedo confiaros las uñas de mis pies. *(Anda
y se cae desmayada.)* ¡Ay, mis uñas de hada!
(Los enanos se llevan a la dama con cuidado y destreza.)

Esto me pasa a mí por ser buena y caritativa. Si fuera
una fiera, como debería ser, ya me hubiérais besado
las uñas con vuestra salivilla oriental. ¡Qué desgracia
ser buena!
*(Sollozos. La ponen en la hamaca y se aplican a cui-
darle las uñas, de las que, poco a poco, irán sacando
notas musicales cada vez más afinadas. Oscuro.)*

(En una pantalla aparece un grupo de POBRES, *vestidos
con ropas lujosas, puestas por encima de sus harapos.
Están aplastados por la abundancia que se les echó
encima.)*

POBRES.

…y de repente, ¡zas!
*(Tira un fajo de dólares al aire. Los billetes que caen
sobre otros* POBRES *son apartados con asco.)*

—Hemos sido atrapados por la riqueza.

—Desde que he dejado de ser pobre me siento
un inútil.

—¡Porquería!
*(Tira el dinero y se sacude como si estuviera lleno
de polvo.)*

—¿Dónde está mi pobreza?

—Y la mía, ¿quién me la habrá robado?

—Todo esto es obra de esa maldita dama.

—Picamos como pardillos.

—¡Habrás picado tú! Yo bien sabía lo que era ser rico.

—Ella fue la malvada.

—Su fanatismo caritativo nos ha hecho polvo.

—¿Quieres un poco?

(Le ofrece un delicado manjar.)

—Me da náuseas ver tanta comida junta.

—Se va a estropear.

—Por mí que se pudran todos los manjares, sobre todo, los exquisitos.

—¿Antes suspirabas por ellos.

—Sí, teníamos apetito. La abundancia arruinó nuestro mejor instinto: el hambre.

—¡Ay, ay!

(Clama uno que se ha atiborrado de comida. Otro le da despectivamente con el pie.)

—¡Sufre! Así te darás cuenta del bien que hemos perdido.

—Reventaré.

—No haber tragado tanto.

—Tenía la ilusión de comer a gusto algún día.

—Pues ya te la has dado. Ahora puedes morirte.

—Eso estoy deseando.

(Se muere reventado.)

—¡Otro más!

—¡Otro menos!

—La abundancia extermina.

—La riqueza es cruel cuando atrapa a sus enemigos.

—Desde que somos ricos, la vida es una estupidez.

—No siento deseos de nada.

—La caridad desenfrenada de esa dama nos ha condenado a muerte.

—¡Qué perversa!

—¡Qué egoísta!

—Y todo para asegurar su propia salvación.

—Merece la muerte.

(Todos.)

61

—¡Que muera, que muera con nosotros!

—Monstruo caritativo, ¿no ves que has hecho de nosotros unos inútiles?

—¡Viva nuestra vieja pobreza!

—Yo no quiero dinero.

(Da a otro un manojo de billetes.)

—¿Por quién me has tomado? Yo soy pobre de nacimiento.

—Pues bien que se te han pegado los billetes.

(Muestra su cuerpo con billetes adheridos.)

—No soy capaz de desprenderme de ellos.

—Se conoce que los deseaste de un modo asqueroso.

(Trata de quitárselos y se arranca la piel.)

—¡Ay..., ay..., ay!

—Mucho debiste de haber pecado.

(Le da un billete que sangra.)

—Toma, gástalo en lo que quieras.

—¡No! No quiero ni verlo.

(Se queda aterrado. Trata de desprenderse de sus ropas y objetos lujosos, pero le resulta imposible.)

—La riqueza también se pega al hueso.

—¡Quiero ser pobre, ser pobre, ser pobre otra bendita vez!

(Llora desesperadamente. Todos comienzan a llorar.)

—Imitamonas, ¿por qué no me dejáis llorar? Quiero que se oiga mi llanto solitario.

—Mirad qué listo, quiere llorar él solito.

—Quiero liberarme de la riqueza.

—Quiero salvarme de la riqueza.

—Eso queremos todos.

—Sí, unamos nuestra fuerza.

(Se dan las manos y gritan.)

—¡Unidad!... ¡Unidad!... ¡Unidad!...

(El que lloraba se desprende del grupo.)

—No seáis demagogos. Tal vez alguno pueda volver a ser pobre, pero individualmente.

—Eso será para ser rico.

(Siguen gritando.)

—¡Unidad!... ¡Unidad!...

—Por ese camino no me liberaré nunca.

(*Arremete contra ellos para dispersales.*)

—¡Fuera! ¡Largo de aquí! ¿Dónde estará la policía?

(*Grita desaforadamente.*)

—¡Quiero estar solo, solo, solo!...

(*Otros se ponen a su lado.*)

—Yo también quiero estar entre los elegidos.

—Ser pobre no es cualquier cosa.

(*Acorrala a otros.*) (*Dicen los demás.*)

—Sí, ya sabemos que es un bien del cielo.

(*Se arrodillan.*)

—Bienaventurados los pobres; de ellos son los deseos insatisfechos.

(*Furioso contra éstos.*)

—¡Maldita opresión! Ni siquiera le dejan a uno ser pobre cuando le da la gana.

(*Con lágrimas en los ojos.*)

—¡Qué desgracia ser rico!

(*Se le echan encima.*)

—Rico tú, ¡miserable!

(*Se golpean y se pasan el dinero, la comida y las prendas de lujo unos a otros. Todos hacen ascos y rechazos. A veces las tocan o se las prueban con deleite, pero luego las arrojan con furia. Se golpean con los objetos de lujo. Algunos se mueren y son sepultados con los bienes que los vivos rechazan.*)

—¿De quién es este billete de mil dólares?

—Yo no quiero ni verlo.

(*Se pone la mano en la cara y mira por entre los dedos. El billete va hacia él.*)

—Es para ti.

—¡Qué asco, mil dólares!

(*El billete va de unos a otros. Uno enciende con él una colilla.*)

—¡Gracias, nos has liberado!

—Soy un estúpido. (*Tira la colilla.*) He cometido un desliz de millonario.

(Los otros se ríen de él.)

—¡Dios mío! Sé que no merezco ser pobre, pero si tú me echas una mano... Sí; me azotaré el resto de mis días. *(Se azota.)*

—¿Dónde está la pobreza?

—¿Quién la habrá robado?

(Se atropellan buscándola. Pistola en mano se registran unos a otros. Todos atacan al pobre individualista. El que se azota le propina también algunos palos. Le arrebatan algo al individualista.)

—¡Suelta, suelta la pobreza!

(Le disparan. La pantalla se va apagando.)

—¡Criminales! Habéis asesinado mi pobreza!

(Los otros, triunfantes.)

—La hemos liberado. ¡Viva la pobreza!

(Oscuro.)

(Luz sobre la DAMA. *Se levanta y gesticula sonámbula.)*

DAMA.

¡Pobreza! ¿Pobreza último modelo? Sí, yo la maté. Un día, al levantarme, cogí el periódico.

(Coge un periódico, lee y da un grito de espanto. Sigue leyendo.)

«Treinta millones de pobres». ¡Qué horror! «Gracias al cálculo electrónico hoy sabemos con toda exactitud el número aproximado de personas que en nuestro país viven en estado de pobreza». ¿No será una errata de imprenta gordísima? No. Aquí dice treinta millones como treinta soles. Es formidable: también en eso somos millonarios. Pero algo habrá que hacer por ellos. Hay que ser caritativos. Ya está: los prohíjo. Desde ahora en adelante, todos serán mis hijos. Es lo menos que puedo hacer. Pero si tengo treinta millones de hijos y estoy soltera, me tomarán por una grandísima putona. Debo buscarles un padre rico. ¿Un rico caritativo? ¡Soy una ilusa! *(Se pasea nerviosa.)* Pero algo tendré que hacer para sacarles de la indigencia. Soy una patriota. No puedo soportar que se

diga que en mi país hay pobres. No es higiénico.
Venderé mis joyas. Pero no bastará. Trabajaré. Pero
no bastará. Donaré mis ahorros. Pero no bastará.
Todo se lo tragarán esos hambrientos. Pediré limosna si es preciso. ¡No! Es humillante. Robaré,
robaré; será muy divertido robar... o... tal vez...
(Se le ilumina el rostro.) venderé... venderé... ven-
deré... ¿Cuánto me darán?
(Toca su cuerpo, valorando su propia mercancía.)
    Venderé lo que haga falta vender. Y las veces que
sea necesario. *(Anunciándose.)*
    Se vende mujer hermosa. Su elevado fin excluye todo
pecado.
(Llora con pena e ingenuidad.)
    ¡Pobre de mí! Ni siquiera lo hago por placer. *(Sen-
sual.)* Será por caridad. *(Agresiva saca un revólver.)*
¿Alguien lo duda?
(Los ENANOS *hacen música rasgueando sus arcos.
Ella canta y baila.)*

> Ya sé que estáis hambrientos,
> mirad.
> No voy a cobrar nada,
> mirad.
> La caridad me obliga,
> mirad.
> Os muestro lo que tengo,
> mirad,
> mirad,
> mirad,
> Y luego valorad.

(Los ENANOS *le sirven de taburetes a los que se sube,
y de andas que la llevan de un lugar a otro. Vocifera su
mercancía.)*

DAMA.
    Sé que me estoy dirigiendo a caballeros. Es decir,
a personas que, por su función social, conocen el

precio de las distintas mercancías. Esta es la voz de la oferta, quiero escuchar la voz de la demanda. *(Escucha esperanzada.)* ¿No hay quién dé más? Tengan en cuenta la carestía de la vida. *(Decepcionada.)* ¡Qué asco! *(Se cubre avergonzada.)* ¡Qué horror! ¿No habré estado mostrándome a los pobres? *(Vengativa.)* ¡Guerra a la pobreza! Destruiré hasta su propio nombre. *(Da un golpe de gong.)* ¡Diccionario! *(Los* ENANOS *le traen un enorme diccionario. Uno hace de atril y el otro busca la página. Ella oficia con ritual litúrgico.) (Canturreando las palabras.)*

Caeré como una tromba sobre esa palabra maldita. No te escondas ni te hagas la insignificante. *(Le dan una lupa.)* Te he cazado en tu madriguera. *(Leyendo como un rezo.)* «Pobre», «Pobrete», «Pobretón», «Pobreza».

(Arranca la hoja y la quema con un billete.)

¡Muere abrasada por tu peor enemigo!
(En lo oscuro sigue ardiendo la llama. La DAMA *alienta la voracidad del fuego. Oscuro.)*

(En una pantalla un grupo de millonarios están revisando sus diccionarios. En la búsqueda acaban destrozándolos. Los pisan y se sientan sobre los destrozos.)

RICOS.
(Involuntariamente señalan el lugar donde se acaba de apagar la llama.)

—Yo juro que ese es un acto subversivo.

—También a mi diccionario le han robado esa palabra.

—Yo no encuentro pobreza por ninguna parte.
(Tira el diccionario.)

. —No lo dudemos. Aquí hay una mano negra que busca nuestra ruina espiritual.

—Si desaparece esa palabra, estamos perdidos.
(Como un ruego.)

—¡Que el ministerio de defensa nos proteja!

—¡Que el napalm nos ampare!

—¡Que los atómicos hongos nos cobijen!

—Yo juro que todo esto es subversión.

—Los pobres están siendo aniquilados por las balas asesinas de la abundancia.

—No quieren tratos con nosotros.

—Yo les vi morir hinchados de comida.

—Y despreciando el dinero.

—Ya no nos necesitan .

—¡Qué catástrofe!

—Pero nosotros les necesitamos a ellos.

—Hay que hacerles comprender que ellos son un simple subproducto de nuestro bienestar.

—Sí, son las migajas del banquete de Lázaro.

—Nos desprecian.

—Siempre lo han hecho.

—Ese desprecio es lo que da valor caritativo a todo cuanto hemos hecho por ellos.

—Lo grave es que tienen mucho dinero.

—Mejor, pronto será nuestro.

—Yo les he visto forrados de billetes, pero no saben qué hacer con ellos.

—Nuestra obligación es ayudarles. Debemos crear el Banco de los Pobres.

—Se pondrán muy contentos. Nunca han tenido un Banco a su nombre.

—Es urgente. De ese modo daremos sentido a ese capital.

—Temo que no lleguemos a tiempo. Se están muriendo de hartazgo y de aburrimiento.

—Somos culpables, culpables, de no haberles enseñado a ser ricos.

—Yo les daré una conferencia sobre lo que es ser rico en casos de urgencia.

—La mayoría se están muriendo por desprecio a la riqueza.

—¡Si serán tontos!

—Son pobres, ¿qué quieres que sean?

—¿No quedamos en que ahora son ricos?

—De aquí mucho *(indica dinero)*, pero de aquí nada. *(Indica la cabeza.)*

(Levanta un cartel con el título del Banco.)

—Ya está. ¡Viva el Banco de los Pobres!

—¡Viva!

—Para que no se mueran, yo meteré ahí mis ahorros.

—¿A qué aspiras?

—A darle sentido a esa riqueza.

—Tú lo que buscas es sacar tajada.

—Propongo que el presidente del Banco sea el más pobre de nosotros.

—Eso es demagogia.

—Propongo que el presidente del Banco de los Pobres sea el más rico de nosotros.

—¡Abajo la tiranía financiera!

—¿También tú con ese lenguaje?

—Está muy, pero muy de moda.

(Pasa una cinta luminosa de noticias.)

«Urgente. Los pobres se mueren a manadas.»

—Si se acaban los pobres, ya no podremos ni fundar su Banco.

—Seré el presidente.

—¿Tú? Ja, ja. Estás demasiado gordo.

—Un millón para quien encuentre la mano que arrancó la pobreza de los diccionarios.

(Todos encantados con la oferta.)

—¡Magnífico! Hay un millón de dólares. Se necesita un delator.

—Seré presidente.

(Todos satisfechos.)

—Tienes nuestra confianza.

—Quiero la de los pobres.

—Entonces hay que comenzar a hacer méritos.

—¿Cómo?

—¡Muera la riqueza!

—¡No, idiota!

(Le zurran.)

—¡Viva la pobreza redentora!
(En actitud pedigüeña.)
—¿Dónde hay un pobre, por caridad?
—Podre amado, quiero darte cincuenta centavitos.
—Yo te amo más, pues incluso te daría algo menos.
—¡Un pobre, por amor de Dios!
—Yo era feliz. Tenía un pobre para mi solito.
—A mí me lo robaron de la caja fuerte.
—Si encuentro a un pobre, le pongo un piso como a una querida.
—¡Ay, qué pobres aquellos! Con diez centavos le descargaban a uno la conciencia.
—Eran tiempos de amor.
(Llega un puñal con un mensaje. Ven la foto de la DAMA *con ansia de venganza.)*
—¿Ella?
—¿Esa cerda?
(Comienza a iluminarse la zona de la DAMA. *Los* ENANOS *están durmiendo a sus pies como fieles cachorros. Los ricos la señalan acusadores. Sus figuras se quedan fijas un instante. Luego se apaga la pantalla.)*
—¡Ladrona!

(La DAMA *salta como si le hubieran disparado.)*

DAMA.
¿Quién me ha nombrado?
(Da patadas a los ENANOS.*)*
¿No habéis oído un disparo?
(Los ENANOS *se lavan como los gatos y se ponen a olfatear los posibles rastros.)*
Sois inútiles. Habéis costado un ojo de la cara y no sabéis ni de dónde vienen los tiros. ¡Ay, ay, mis uñas!
(Los ENANOS *sacan sus arcos y tocan ligeras melodías.)*
¡Oh, cómo alivia la música! ¿Pero de dónde habrán salido esos disparos?
(La piscina se ilumina. El PULPO *comienza a zumbar.*

Se mueve como si atendiese a varios teléfonos, dictase a varias secretarias y diese órdenes tajantes.)

Dama.

¿Has oído algo, amor? *(Zumba más fuerte.)* ¡Perdona, querido! Siempre interrumpo tus deposiciones. *(Dando patadas.)* ¡Música he dicho!
(Mientras suena una música delicada y lírica, el Pulpo, *de un modo espasmódico y parturiento, da a luz un pequeño petrolero en la cinta transportadora. La sirena del buque recién nacido suelta un llantito de bebé que pronto se convierte en claro pitido de sirena, cuyo volumen va subiendo. El petrolero crece y avanza hacia el mar.)*

Dama.

¡Hurra! Un nuevo petrolero. Te bautizaré en seguida.
(Los Enanos *atan a una cuerda que cuelga del techo una botella de champán. La botella tira el barco al mar.)*

¡Adiós, hijo mío! ¡Pórtate bien! ¡No hagas diabluras! *(Da un golpe de gong.)*

Dama.

Con la emoción me había olvidado de darte las vitaminas.
(Los Enanos *sacan al* Pulpo *del agua. Está desinflado. Se lo llevan a la* Dama *para que le dé aire. Luego le ponen un gota a gota y lo meten de nuevo en el agua.)*

Dama.

¡Qué cansada! La maternidad es un fastidio.
(Los Enanos, *después de dar vueltas sobre sí mismos, se acuestan.)*

¿No sabéis que es la hora de mis ejercicios? Necesito flexibilizar mi cuerpo. Tengo que eliminar grasas. ¡Venga, mis ejercicios!

(Los ENANOS *hacen ejercicios gimnásticos, pero la* DAMA *se cansa y se queja, como si fuera ella la que estuviera actuando.)*

DAMA.

¡Ay! Cómo me duele ese hueco. Me estoy anquilosando. Otra vez, aunque vea las estrellas. Me estáis reventando. Más... más... ¡Basta, miserables! Desde mañana tendréis que sufrir un poco por mí. Así pagaréis algo de lo muchísimo que le habéis costado a mi señor marido. Aquí en los costados, se me están formando unos rollos por vuestra culpa. ¡Uno, dos, uno, dos, uno, dos! ¿Por qué no me ayudáis a adelgazar? Estoy extenuada.

(Grita y les tira cosas. Ellos las paran como porteros de fútbol. Se queda desfallecida y sonámbula.)

DAMA.

Estas cosas me pasan por ser caritativa. ¡Quiero ser una fiera!

(Penumbra. El PULPO *vuelve a su febril actividad. La* DAMA *sueña. Se enciende la pantalla de los* RICOS *y luego la de los* POBRES. *Los* RICOS *están fuertemente armados. Los* POBRES *tienen la apariencia de haberse despellejado a dentelladas. Sigilosamente, mientras unos apuntan haciendo guardia, otros avanzan hacia la pantalla donde los* POBRES *están moribundos. Se mueven como figuras en estado gaseoso.)*

RICOS.

—Apesta a pobre. *(Estornuda.)*
—Es un olor riquísimo. *(Olfatea.)*
—Vais a despertarles.
—A este ya no, está helado.
—Se han peleado a dentelladas.
—Tendremos que enseñarles a matarse con napalm.
—Es más cómodo.
—Y mucho más civilizado.
—No creo que podamos ya enseñarles nada.

—¿Todos muertos?

—¡Qué envidia les tengo!

—Sí, estamos perdidos.

—El cielo nos ha vuelto la espalda.

—Yo no merecía ese desplante. Con la mitad de lo que he dado en limosnas, me hubiera comprado un chalet en cualquier playa de lujo.

—Allá arriba se han vuelto muy soberbios.

(Uno encuentra un muerto caliente.)

—¡Aleluya! Encontré uno caliente como un panecillo.

—¿Me darás un bocado?

—Acaba de morirse. *(Le toma el pulso.)*

—¡Pronto! Vamos al hospital.

—Tan pronto resucite, tenemos que obligarle a aceptar nuestras limosnas.

—Para eso habrá que tenerle separado de los demás pobres.

—Le guardaremos en el Banco de los Pobres.

—Será un estupendo negocio.

(Se llevan al pobre a la otra pantalla. Al cruzar la escena se cae la cabeza y un brazo del muerto. Los centinelas disparan contra la pantalla de los POBRES. *Ésta se apaga.)*

—Ya que el cielo nos desampara, que la ciencia nos lo resucite.

—Yo pecador me confieso a la técnica todopoderosa…

(La DAMA *se despierta sobresaltada con los disparos, en el momento en que entran los* ENANOS *con famosas revistas internacionales, en la portada de las cuales aparece el rostro de la* DAMA.*)*

DAMA.

¡Oh, qué pesadilla! ¿Y no soñé que me habían robado un pobre? Pero eso no volverá a suceder. *(A los* ENANOS.*)* De ahora en adelante, mientras duermo, recordadme que los pobres ya no existen. Yo les colmé de riquezas. *(Mira las revistas.)* ¿Qué se dice de mí? *(Los* ENANOS *hacen extraños ruidos para manifestar que no pueden abrir la boca.)*

DAMA.

Leed, ¿o sois analfabetos? Una cosa es hablar por vuestra cuenta y otra decirme lo que se dice de mí.

ENANOS.

(Como soltando «slogans» publicitarios.) «La ambición de una dama aniquila la pobreza». «Una mujer saca partido a su sexo». «La virtud es pecado, aunque no lo parezca». «La dama que hace de su cuerpo bellísimo pasto de los pobres». «Dama lasciva, egoísta y vanidosa emborracha a los pobres y arroja a los ricos de su propio país a los infiernos».

DAMA.

¿Eso dicen de mí?

ENANOS.

(Siguen leyendo.) «Consternación internacional. ¿Cuáles han sido las causas oscuras que han llevado a una de nuestras más conspicuas damas a unirse en sagrado matrimonio con un pulpo lascivo? ¿Cómo semejante molusco marino ha podido seducir a una dama rica, guapa y holgazana? Dicen que el amor. ¡Bobadas!…»

DAMA.

(Salta al suelo como una pantera.) ¡No me comprenden! Nunca me han comprendido. ¿Lasciva yo por casarme contigo? Se necesita no tener caridad.
(Saca al PULPO *del agua. Lo seca con una toalla. Lo infla. Le pone una corbata y una flor en el ojal. Lo frota contra su cuerpo, lo besa, lo abraza colocando sus patas alrededor de su cuello, lo mima, le hace cosquillas, se lo pone encima. Luego reacciona insatisfecha y furiosa. El* PULPO *aparece totalmente de-*

*sinflado. Trata de hincharlo, pero no consigue mante-
nerlo repleto de aire.)*

DAMA.

Es increíble lo mucho que me necesitas. ¡Qué bien
me siento entre tus suaves tentáculos! Y dicen que
eres un monstruo. No pueden soportar que seamos
felices. Envidian nuestra dicha. Y, sobre todo, envidian tus deposiciones. ¡Todo lo tienen que ver
sucio! No comprenden que yo me entregué a tus
tentáculos de un modo deportivo y limpio. Me dan
pena, carecen de romanticismo. *(El* PULPO *la mira
fijamente.)* ¡Amor! no me mires con ojos agresivos.
Yo no soy tu negocio, sino tu bálsamo sentimental.
(Acusadora, hacia la pantalla de los RICOS.*)*
Ellos son los perversos. ¡Imbéciles!
(Ciega de rabia coge al PULPO *por el cuello y está
a punto de estrangularlo.)*

¿Por qué me calumniáis? Nunca acabaréis de comprender que derramé la sangre de mi virginidad para
lavar vuestros pecados, que me casé para lavar
vuestra carroña. Sí, puedo decirlo bien alto, me casé
por patriotismo. ¿No oíais las voces de treinta millones de necesitados, sin mantequilla ni automóvil,
en vuestro orgulloso país? Cuando me enteré de que
no tenían qué meter en la nevera no pude conciliar
el sueño. ¡Qué noches amargas pasé! Entonces se
me encendió una luz: hacer de mis pechos el biberón
de los pobres.
(Caritativa. Tira el PULPO *al suelo. Está como asmá-
tico, pero ella lo pisa como un felpudo.)*

Me persiguen treinta millones de bocas.
(Hace lo que dice.)

Busqué un espejo para hacer ante él examen de
conciencia. *(Se contonea y lee su destino en el espejo.)*
Lo veo clarísimo: el filón de mi negocio es la explota-
ción caritativa de mi cuerpo. *(Se va quitando ropa.)*
Debo ir a una agencia matrimonial competente.

(Ante la agencia.) Necesito un pez bien gordo.
(Rechazando.)

¡Oh, no! Necesito cifras más altas. No es para mí;
se trata de una boda completamente desinteresada.
¿El amor? *(En éxtasis.)* ¡Echaré mi cuerpo a los
pobres! ¡Qué me importa el martirio! Como hormigas,
treinta millones de pobres fecundarán mi cuerpo.
(Se retuerce plácida.) ¡Oh, las termitas de la tentación! Sí, necesito que alguien pague ese banquete.
¡No me venga usted con la guerra! Tiene que haber
otra solución. Usted me engaña. Una guerra no da
para sacar de la pobreza a tanta gente. ¿Dice que
otra guerra? Lo malo es que las más productivas ya
están acaparadas. ¿Todas las guerras que sean ne-
cesarias? Yo tengo corazón, compréndame. ¿En qué
banco lo meto? Aténgase a la oferta de mi cuerpo.
¿Que los braguetazos son una solución conservadora?
Yo le daré tal meneo que los transformaré en una
filosofía revolucionaria. Ese candidato no me llega
ni para empezar. Divida por treinta millones y verá
que no le toca a cada pobre ni una partícula de mi
cuerpo. Nada, ni un pelo del culo. ¿Es que esto
no vale más? Tampoco ese me sirve. Me iré a otra
agencia. No tiene usted temperamento. Necesito
pelotas, no huevos de paloma.
(Se va, pero la llaman.)

¿Algo especial?
(Le dan la foto de un pulpo.)

¡Uy! ¿No me diga?
(Le hablan al oído y ella estalla de felicidad.)

Esas cifras marean. ¿Se dedica a la puesta de petroleros? ¡Qué negocio más aprovechado! ¿Y está ena-
moradísimo de mí? ¡Fascinante! Amigo, eso se avisa
a tiempo. Habría actuado de otro modo. Pues fas-
tídiese, si se ha formado un falso concepto de mí.
Le juro que le querré muchísimo. Para amarle sólo
tengo que pensar en mis múltiples pobres. Y lavaré
la vergüenza. Sí, seré una estupenda patriota.

(El Pulpo *emite un débil quejido.)*

Póngale un cable inmediatamente. ¡Le adoro! Será una boda sensacional. Las portadas de todas las revistas serán mías durante cinco años. Después, ya inventaré algo. ¡Soy feliz! Cuando me case, puede mandarle la cuenta a él, a mi adorado pulpo. *¡Good Bye! (Oye al* Pulpo.*)* ¡Oh, querido! Ya sé que tú me comprendes ¡Eres tan sensible!

(Moja al Pulpo *para que se reponga. Luego lo infla con pasión y entrega.)*

Vamos a bailar, vamos a sacarle brillo a nuestro amor.

(El Pulpo *se va poniendo frenético. Se iluminan las dos pantallas. En una los* Pobres *mueren en medio de la abundancia. De los árboles cuelgan billetes en lugar de hojas. Cosas por todas partes. Los* Pobres *tratan de rechazar la abundancia, pero sucumben aplastados. En la otra pantalla los* Ricos *ofrecen dinero a unos* Pobres *que ya no existen. Tiran monedas y cosas a la pantalla de los pobres, pero éstas rebotan y golpean a sus dueños. Una música desolada es bailada en alegres compases por la* Dama *y su acompañante. Aparecen en las pantallas algunos de los grandes diarios internacionales escritos en forma de comic. A cada dibujo corresponde una leyenda que es leída por los* Ricos, *cuyas cabezas asoman insertadas en los dibujos. Éstos, armados y violentos, tratan de obligar a los* Pobres *a que acepten sus limosnas. Pero los* Pobres, *cuyas cabezas también asoman, se mueren en el acto y éstas se quedan colgando en ligero movimiento pendular.)*

Leyendas.

«¡Manos arriba! Es obligatorio ser caritativo. Ahí va un cheque por cincuenta centavos.»

«¡Alto! ¿Un dólar o un disparo?»

«Pídame a mí: cinco dólares por cabeza de pobre.»

«Soy el Drácula de la caridad. Meto diez dólares en el bolsillo de cada muerto, pero antes de que se enfríe.»

«¿Cuál es su nombre? *(Al* POBRE *se le cae la lengua.)* No importa. Te daré un cheque al portador.» *(Se lo mete en el bolsillo, pero sale ardiendo.)* «Yo pago en metálico. *(Dispara bazocas contra los* POBRES.*)* Nadie podrá decir que no doy en caliente.» *(La* DAMA *y el* PULPO *han seguido bailando y bebiendo. Su risa llena de cosquillas se mezcla con la atmósfera. Con frecuencia ella y su acompañante se caen por los rincones, rebozándose por el suelo y comiendo cosas que se les han caído. Luego ella se arregla en sus espejos y salen mordiéndose la lengua. Se ilumina una de las pantallas. Imágenes de ciudades y de poderosas industrias que se han venido abajo de repente.)*

VOZ EN «OFF».

«A través de estas espeluznantes imágenes del repentino desastre, el mundo comprenderá la gravedad del momento. Nuestros hombres más enérgicos, los fabricantes de nuestra opulencia, están desolados. Sus almas, que se suponían más duras que el titanio, han sido melladas. ¿Quién iba a pensar que los constructores de los rugientes misiles iban a carecer algún día de una pizca de caridad? Si hasta ahora se habló escandalosamente del egoísmo de los ricos, de ahora en adelante habrá que hablar sin piedad del testarudo egoísmo de los pobres. Y no estoy hablando de los países pobres y extranjeros, fertilizados en su libertad con nuestro napalm y las bacterias que salen de las entrañas mismas de nuestra civilización. Después de todo, a ese desagradecimiento ya estamos acostumbrados, aunque no resignados. Pero lo que no podíamos esperar es la traición en nuestro propio suelo, la falta del más elemental sistema de caridad de nuestra propia reserva de necesitados, cuya soberbia hunde en el infierno a los más santos varones de nuestra industria de armamentos...»
(Le interrumpen los alaridos de terror que dan los RICOS *al caer en el infierno cargados con bolsas de*

dinero. Resplandores de llamas. Los DEMONIOS *golpean a los* RICOS *con sus propios dineros.)*

RICOS.
   Por favor, ¿dónde está míster Satanás?

DEMONIOS.
   En todas partes, querido. *(Le golpea.)*

RICOS.
   —Quieto el palo. No vengo a pedir, sino a hacer inversiones.
   —Yo compro el infierno.

DEMONIOS.
   Has errado el camino.

RICOS.
   ¿No me digas que no está en venta?

DEMONIOS.
   Querido *(le golpea)*, esto no es lo otro.

RICOS.
   Traigo muchísimo dinero.

DEMONIOS.
   Pues trágate esa calderilla.
(Unos demonios le abren la boca como una bolsa, mientras otros se la meten dentro con una pala. El millonario chilla ahogándose. Su buche revienta y le salen chorros de monedas. Pese a todo no quiere soltar la bolsa.)

RICOS.
   —Tal vez encuentre a algún demonio verdaderamente ortodoxo. *(Mira con una lupa.)* ¡Compro demonio puro! *(Llegan más millonarios.)*
   —¿Qué es esta competencia?

DEMONIOS.
El infierno se ha puesto de moda.

RICOS.
Somos muy desgraciados.

—Hermanos míos, yo siempre he creído en vosotros. Hacedme un sitio cómodo en vuestra morada. No importa el precio.

—Yo os doy un cheque en blanco. *(Salta desesperado.)*

—¿Qué tienes?

—No sé; me quema el dinero. *(El otro le huele.)*

—¡Uf! Es de napalm.

—Nuestros pobres son unos cabrones.

—No tienen... ¡no tienen lo que hay que tener!

—Por su terrorista falta de caridad, nos condenamos.

—Están al servicio del mismo Satanás.

—Eso mismo me ha soplado la C.I.A. en este oído.
(Los otros se lo miran.)

—Sí, se te ha podrido.

—Toma mi fortuna, demonito del alma. Es oro purísimo.

DEMONIO.
Muy bueno. *(Lo huele.)* Apesta a pobre que da gusto.

RICOS.
—¿Verdad que sí? *(Con nostalgia.)* Eran pobres de lo mas cochambroso... *(Le caen palos de todas partes.)*

—Mi dinero tiene duende. *(Lo tira a lo alto y cae musicalmente.)*

—Y el mío es heroico. *(Lo tira y al caer produce explosiones. Todos se echan cuerpo a tierra y ocultan sus cabezas.)* En cada grito, un niño destripado, rinde homenaje a la libertad.

—Mi dinero lo gané apestando los bosques. Con mis insecticidas formidables los hombres la diñan antes que las moscas.

DEMONIOS.
¡Basta de propagnda financiera! ¡Adentro!
(Los demonios les empujan para adentro.)

RICOS.
—¿Por qué no os dejáis sobornar?
—Yo tenía mejor concepto de vosotros.
(Se entristece por ello.)
—¿Este es el premio que merecemos?
—¿De parte de quiénes estáis, idiotas?
(Le dan un porrazo en la cabeza y cae mareado.)
—Por ser bueno. Me ha estado bien.
—Sois tan tontos como nuestra reserva de pobres.
(Se arrodillan.)
—Maldita sea la pobreza.
(Todos le corean.)
—Ora pro nobis.
—Cuya ideología malvada.
—Ora pro nobis.
—Hasta a los demonios ha calado.
—Ora pro nobis. *(Los DEMONIOS les apalean hacia dentro. Un millonario cae fuera de la pantalla.)*

RICO.
Creo que me he salvado. Allá arriba no despreciarán mi dinero. No son tan orgullosos. *(Va a salir hacia la derecha.)* ¿Y si me volviera a mi fábrica de bacterias? *(Va a salir en dirección contraria y choca con dos demonios policías.)*
Dígame, camarada, ¿cuál es el camino?

DEMONIOS POLICÍAS.
        Si quieres ir al infierno
        no hace falta preguntar;

cierra los ojos y muere,
la muerte te ha de llevar.

(Le dan un cachiporrazo. Sin conocimiento y andando para atrás le absorbe la pantalla. Los demonios se sientan en la pantalla con las piernas colgando hacia fuera. Se secan el sudor.)

—Estoy reventado.
—Deberíamos protestar.
—Iré a reclamar al presidente de nuestro sindicato.
—¿Y sabes quién es?
—Un tal Lucifer.
—Nuestro gran patrono.
—No digas tonterías. ¿Cómo va a tener dos empleos?
—Allí está por las mañanas y aquí por las tardes.
—¡Estamos condenados!
—¿Ahora te enteras?
—Tendremos que ir a la huelga.

Voz en «OFF».
«¡Atención! Habla la gerencia del infierno. Nuevas remesas de millonarios se acercan a nuestra frontera. Para alojarles con el mínimo de comodidad y confort que merecen nuestros estimados clientes, tendremos que ampliar nuestras dependencias. Quedan prohibidas las habitaciones individuales. Volaremos todos los tabiques y cada litera quedará habilitada para cama redonda de doce plazas. Pero eso sí, la moral debe ser preservada: nada de mezcla de sexos.

Demonios.
—¿Qué habrá pasado en el planeta Tierra?
—Yo soy apolítico.
—También arden los eclécticos.
—Suelen estar muy secos.
—¿Entonces?... Porque si hubieran triunfado los izquierdosos, lo lógico, lo acostumbrado, es que las víctimas se fueran a los cielos.

—¿Y no habrá sido un golpe derechista?

—Entonces, ¿dónde está el material de derribo? Aquí no ha llegado.

(Suenan explosiones y ruidos de derribo.)

—Ya ha comenzado la guerra de los tabiques.

—Vamos antes de que nos pillen de brazos caídos.

(Entran.)

(Un gran despacho aparece en la escena. Sobre la mesa hay un letrero: Mr. Consejero-Delegado. *En una silla eléctrica está sentada y amarrada la estatua de la libertad. A ritmo de película muda, el* Consejero-Delegado *la defiende dando palos a diestro y siniestro. Hay letreros explicativos.)*

«Celoso la defiende con el vigor de sus puños.»

«¿Por qué te ibas con ellos?»

«¡Desgraciada! Hasta en eso se nota que eres mujer.»

(Toma un viejo libro.)

«Jura que dirás la verdad, sólo la verdad y nada más que la verdad que te han enseñado.»

«¿Cuántas veces me has puesto los cuernos?»

(Empuña el interruptor.)

«Si no hablas como dicen las leyes, las leyes te matarán de muerte electrónica.»

(Un letrero sale de la boca de la estatua.)

«No sabía que me querían engañar.»

(Lloriquea.)

«No creo en tus lágrimas. Dime, ¿soy cornudo?»

«Yo solamente les guiñé un ojo.»

«¿Cuál, cuál?»

(Ruborizada.)

«El más íntimo.»

(El Consejero *le parte la mandíbula. En la pantalla una palabra explota.)*

«¡Crisis! ¡Crisis! ¡Crisis!»

(Oscuro. Se oyen carcajadas de la Dama *que llega con el* Pulpo *de una juerga nocturna.)*

DAMA.

¿Ves como hoy te han recibido mejor? Se resisten a aceptarte, pero terminarás siendo la pieza más frívola de sus salones. Sigue trepando por mí y triunfarás socialmente. Hay que ser social... ¡Está tan de moda!

(Hace subir al PULPO por ella.)

(Lo tira al gua. Oscuro.)

(Mezclados entre explosiones de crisis los RICOS se disparan los unos a los otros.)

RICOS.

—¿De qué nos valen nuestras riquezas?

—La falta de pobres ha roto la armonía social.

—Yo siempre estuve en contra de los subproductos.

—Ni una pobre tabla de salvación.

—Esa lasciva dama los ha corrompido.

—Debe morir.

—Votemos democráticamente su muerte.

(Todos alzan el brazo y hablan.)

—¡Que la C.I.A. y los cielos se pongan de acuerdo!

(Disparos y confusión. Entre el humo aparece compungido el PRESENTADOR.)

PRESENTADOR.

El ciclón de la crisis ha abatido a nuestro país. No se trata, como especulan en el extranjero, de un simple chubasco sobre nuestra moneda, sino de una conspiración en regla.

(De nuevo estalla la palabra crisis. El PRESENTADOR cae. De en medio del humo salen dos millonarios. Andan a tientas, saliéndose de la pantalla.)

RICOS.

—Dame la mano, camarada millonario.

—Entremos en el infierno con la cabeza bien alta.

—De humillarse alguien, que se humille el demonio.

—Por favor, una suite para nosotros.

—Yo prefiero un chalet con vistas al mar.

—Realmente, esto es magnífico. Los curas nos han estado engañando.

—Hagamos propaganda de las delicias del infierno.

—Nos asociamos. *(Se dan la mano.)* Vamos a ganar mucho dinero.

—Pero debemos andarnos con tiento. Aquí hacer el bien es un delito gordísimo.

(Se apoderan de las cosas de la DAMA.*)*

—Pues yo no sé hacer otra cosa. ¡Estoy perdido!

—Haz lo que te salga del corazón.

(Afanosamente comienza a colocar letreros y a tender alambre de espino para hacer parcelas.)

«Propiedad privada.»

«Se admiten turistas.»

«¿Vacaciones en el infierno? Un clima garantizado.»

«Sólo para blancos.»

«Prohibido recaudar impuestos.»

(La DAMA *aparece atrapada dentro de una de las parcelas.)*

DAMA.

¡Socorro!

RICOS.

Nada queremos contigo.

DAMA.

¡Tened caridad!

RICOS.

Déjate de monsergas. Has violado la ley.

DAMA.

¿Qué ley?

RICOS.

Ésta. *(Le señalan el cartel de* «Propiedad privada».*)* Somos los dueños del infierno. Tendrás que pagarnos por vivir aquí.

DAMA.
¿Cómo habéis venido?

RICOS.
—No lo sabemos bien, pero estamos contentos.
Esto está sin explotar.
—Además hemos dado con el filón de la verdad.

DAMA.
¿La verdad de mi inocencia?

RICOS.
—Las leyendas de los pastores sobre el terrorismo
en el infierno.
(La DAMA se ríe.)
—Lo hemos comprobado.
(Sigue riéndose.)
—Eres perversa. Hasta los pinchos te hacen cos-
quillas. Pediremos al planeta Tierra algún castigo
especial para ti.

DAMA.
Ya estamos en ese planeta.

RICOS.
¡No! ¡No es posible!
(Muy nerviosos desdoblan un mapa turístico.)
—¡Qué horror!
*(Recogen sus carteles, el alambre de espino y salen
apresuradamente por la pantalla, donde una boca
infernal los devora.)*
—¡Al fin somos libres!
—La crisis está apestando la tierra.
—Tú la has desencadenado, mujer maldita.

DAMA. *(Sonoras carcajadas. De repente se siente mal,
Le dan arcadas.)*
¡Oh, qué mal me encuentro!... ¿Estaré... estaré...

85

estaré en pecado? No puede ser... ¿Pero qué día es hoy? *(Se palpa el vientre y los senos.)*

¿Será verdad que soy maldita? *(Lloriquea.)* He estado bailando una crisis. ¡Sí, soy culpable! *(Vuelve a palparse.)* Me toco y todo mi cuerpo es una horrible sospecha. He pecado con la mejor buena fe, pero no importa. Me divorcio y listo. Sí, consultaré con mis abogados. *(Va a la piscina, toma la fllor de la solapa del* PULPO *y la deshoja, tirando rumbosamente unos pétalos al aire.)* Él me ha hecho una desgraciada. *(Vuelve a palparse.)* Estoy sospechosísima.

(Los ENANOS *se llevan al* PULPO *amordazado. Ella aporrea a los* Enanos.*)*

¿Pero no véis que le amo, miserables?

(Oscuro.) (Una pantalla hace llamadas de urgencia y naufragio. Las señales y las voces se repiten en diferentes tonos, desde el «slogan» al cuchicheo.)

VOCES.

«El Consejero-Delegado de nuestra S. A. convoca al Consejo Nacional de Cerebros.»

«Pánico en la Bolsa, donde han caído las mejores acciones.»

(Comienzan a llegar los miembros del Consejo. Salen de las pantallas y se sientan en taburetes plegables que llevan sujetos a las nalgas. Los consejeros civiles tienen la cabeza en forma de cerebro electrónico. Las de los consejeros militares toman la forma del arma electrónica a la que pertenecen. Cuando se sientan van ensamblando sus cabezas-artefactos que, unidas, constituyen una plataforma. Enchufan en el suelo un cable que traen colgado y se encienden dentro de ellos luces de colores, a la vez que comienzan a zumbar. Del ombligo de todos ellos salen otros cables de colores brillantes que se pierden al fondo de la pantalla. Cuando llega el CONSEJERO-DELEGADO *el aparato dispara salvas de aplausos.)*

CONSEJERO-DELEGADO.

La crisis, la crisis, ¡pacotilla! Nuestra nación, perfecta Sociedad Anónima, saldrá de la prueba refor-
zada en su agresividad tanto física como de la otra.
Si la caridad mal entendida ha creado un déficit
considerable en nuestra balanza moral, por haber
sido aniquilada nuestra reserva de pobres, nuestras
fuerzas armadas nos sacarán las castañas del fuego.
Invocando los poderes que me otorga la Constitución
de nuestra S. A. Nacional, en mi calidad de comandante en jefe, os ordeno que fabriquéis inmediatamente la estrategia que conduzca nuestras armas a
la victoria. He dicho.

(La máquina comienza a funcionar. El CONSEJERO-
Delegado *trata de seguir sus vertiginosos movimientos,
pero siempre se queda atrás. A medida que la máquina
se mueve crece el optimismo del* CONSEJERO-DELEGADO.
*Luego la máquina comienza a dar resultados en fichas
y alarga las manos pidiendo. El* CONSEJERO-DELEGADO
cae desde su optimismo profesional.)

«¡Armas!» «¡Dinero!» «¡Soldados!» ¿Tenéis ganas
de volver a las andadas? Esa solución no puede
aplicarse, no sería político en estos momentos. La
psicología nacional está hecha polvo. Todo el mundo
sabe que fue una de nuestras más conspicuas damas
quien desbarató nuestro tesoro de pobres. *(Repite
como una pesadilla.)* «¡Armas!»… «¡Dinero!»… «¡Soldados!»… ¿Con qué respaldar ese cheque? No. No podemos colgarle el mochuelo a nuestros enemigos
exteriores, por pequeños o invisibles que sean. Os
estoy hablando confidencialmente. Hoy no sería rentable valernos de esa solución ideal… *(Como hacién-
dolo)*… Me bastaría apretar un botón rojo y un
enjambre de misiles saldría en misión pacificadora
hacia un país remoto… Lo defenderían de sí mismo
y nuestra Sociedad Anónima encontraría en cada
uno de nuestros *boys* un agresivo cliente. ¡Los jóvenes

son admirables por su capacidad de consumo y destrucción! Debemos ponerles a su alcance las cosas para que las gasten sin misericordia. ¡Su sangre pagará la cuenta! Pero la crisis es moral. Necesitamos una especie de papel secante que absorba la caridad que segregan los accionistas de nuestra S. A. Sólo así les salvaremos del pánico y del infierno. En mi calidad de Comandante en Jefe Constitucional de los Cerebros Armados, os ordeno busquéis una solución moral.

(La máquina se pone en movimiento y llega a los mismos resultados.)

¡Siempre la misma teología! Que los ricos se vayan al infierno me importa un rábano, pero a nivel bancario es un desastre. ¿Cuándo comprenderéis que la política también es un arma capaz de estragos y muertes?

(La máquina hace ruidos de protesta.)

No lo toméis a mal. No trato de haceros competencia.

(La máquina se pone cada vez más furiosa y a disparar en todas direcciones. El CONSEJERO-DELEGADO *tiene que echarse cuerpo a tierra y esconderse. Voces de guerra. Sigilosamente, el* CONSEJERO-DELEGADO *avanza hasta el interruptor y lo desconecta. Cesa el aparato bélico, pero a veces, como dando estertores, la máquina suelta balas perdidas. El* CONSEJERO-DELEGADO *desconecta todos los enchufes. Silencio y paralización total. El* CONSEJERO-DELEGADO *se siente el amo de la situación. Música silvestre.)*

CONSEJERO-DELEGADO.
¡Basta! La asamblea de nuestra S. A. fue a mí a quien dio su consenso y no a esta quincalla.
(Se sube a la plataforma formada por los cerebros ensamblados.)
Necesito sorprender a la opinión con algún imprevisto. Sí, algo que haga saltar las lágrimas a quien las tenga. Lágrimas, muchas lágrimas.

(Habla por uno de los teléfonos.)

¿Todavía está ahí ese hombre? Sí, ese que me reco-mendó la C.I.A. Que pase en seguida. No, no, nada de intérprete. *(Cuelga.)* Yo me entenderé con él. *(Entra un individuo con una jaula roja, dentro de la cual hay un pájaro amaestrado. El pajaritero viste de un modo silvestre y abigarrado. Si fuera necesario puede decir, torpemente, algunas palabras. Al entrar saluda como pudieran hacerlo las ramas de un árbol y bala como una oveja. Mediante la retórica de sus movimientos y emitiendo voces guturales, le da a en-tender al CONSEJERO-DELEGADO que su pajarito va a salvarle. El consejo del pájaro es superior al de los hombres y al de las máquinas, pues es naturaleza pura. Toma al pájaro, le besa el pico. Y este toma un papelito de los muchos que su dueño le ofrece. Lo besa con inmensa ternura y agradecimiento, lo mete en la jaula y le da, rodilla en tierra, el papel al impaciente CONSE-JERO-DELEGADO.)*

CONSEJERO-DELEGADO.

¿Cuánto le debo, amigo mío?
(El pajaritero rechaza todo valor material. Él, con su pájaro, es también espíritu puro. De todos modos, puesto que tiene boca y barriga, esposa y varios hijos, le pide al Consejero-Delegado que lea el papelito de la buena suerte por la televisión, pues él cree a ciegas en la propaganda. Se dan la mano, emocionados, y cerrando el trato, el pajaritero sale.)

CONSEJERO-DELEGADO.

Esto es magnífico. Ya era hora de que el hombre tornara a pedir consenso a su madre, la naturaleza. *(Lee el papelito y comprende que tiene la solución en sus manos.)*

¡Chist, secreto de estado! *(Canta dando gracias.)* ¡Aleluya! ¡Aleluya! ¡Aleluya! *(Conecta el interruptor y los enchufes.)*

89

¡Atención! Volveremos a tener pobres. Me lo ha dicho el pajarito de la suerte. Y me dice que pobres electrónicos, la última palabra en materia de pobreza. *(Le da a un botón.)* Proyectad inmediatamente ese tipo de pobre. *(Comienzan a salir cifras en billones.)* ¿Dinero? ¿Más dinero? No importa. Salvemos a nuestros accionistas del pánico. Ese programa de ayuda lo justificará todo.

(Siguen saliendo cifras. Al CONSEJERO-DELEGADO *se le están poniendo los pelos de punta.)*

¡No nos quedará ni una perra para armamentos! Jamás he visto un pobre que nos saliera tan caro como este pobre electrodoméstico que estamos programando. Debe ser un castigo económico del cielo.

(Sale un diseño y la máquina se paraliza con las manos tendidas.)

¿Pedís un cheque en blanco?

(Con sus manos la máquina confirma la petición.)

Bueno, luego... lueguito os lo daré.

(La máquina le atrapa.)

¡Sí, ahorita os lo firmo!

(Firma el cheque. La máquina se lo engulle, funciona un ratito y se detiene. Pide más.)

¡No, no es posible!

(La máquina, que no le había soltado, le zarandea por las solapas.)

Tenéis razón; ese argumento me convence.

(Firma otro cheque. La máquina vuelve a tragárselo y le sigue zarandeando cada vez con mayor violencia para obligarle a firmar un cheque tras otro.)

¡Si lo hago con mucho gusto! ¿Quién dijo que el dinero era una mierda?

(Con temor de que la máquina se entere.)

¡Ya estoy firmando cheques sin fondos!

(Entre resplandores de lámparas de arco va surgiendo, sobre la plataforma de cerebros, un artefacto electrónico de formas femeninas.)

CONSEJERO-DELEGADO. *(Comunicando.)*

¡Señoras y señores! La máquina de pedir ha nacido. Es un encanto de formas femeninas. ¡Ya estamos salvados! Lo femenino tiene gancho. Veo a la máquina de pedir recién nacida, y puedo aseguraros que destila *sex-appeal*. La mujer es un encanto. Ella es la esencial materia prima de nuestra penetrante publicidad. La mujer en nuestro país lo es todo. Hasta la bomba H tiene nombre femenino. Por eso no debe extrañarnos que lo *sexy* de la máquina de pedir sea femenino. No más verla, no más presentirla, su olor a hembra provocará la caridad. ¡Ya estamos salvados!

(Desconecta el interruptor.) (Los miembros de la máquina electrónica se separan y se desenchufan del suelo. Formando grupos afines por sus formas y ropas, se pelean entre sí por la máquina de pedir, que pasa de unos a otros.)

CONSEJERO-DELEGADO.

Señores Cerebros, suelten ustedes la presa. Es mía. *(Los cerebros forman un bloque y dicen no con sus cabezas.)*

Yo la he pagado. ¡Buenos cheques sin fondos me ha costado! *(Los otros la acaparan cada vez de un modo más morboso.)*

No se respeta nada. ¡Ni la caridad se salva! *(Se pone político y negociador. Tose para ganar tiempo.)*

¿Hay entre ustedes algún fabricante de caramelos? *(Todos dicen no.)*

¿Y algún fabricante de bombones para enamorados? *(Todos dicen no.)*

¿Y algún fabricante de inocentes juguetes? *(Todos dicen no furiosamente.)*

¿Y algún fabricante de bacterias? *(Todos dicen sí con alegría.)*

¿Y algún fabricante de certeros misiles?
(*Todos dicen sí desbordantes de satisfacción.*)
Entonces, venga.
(*Aprovechando el júbilo les arrebata la máquina de pedir. La ciñe contra su cuerpo y empuña un poderoso revólver.*)
¡Manos arriba todo el mundo! ¡Mirando a la pared!
(*Obedecen.*)
Ahora os cantaré las cuarenta. Es inmoral acaparar la máquina de pedir. Todos, para salvarnos, necesitamos de su provocación caritativa. No es cosa de que la guardéis bajo llave, como ocurrió con algunos pobres que se murieron asfixiados en vuestras cajas de caudales. Cada hombre rico debe poseer una máquina de pedir para salvarse.
(*Rumor de protesta entre los cerebros.*)
¡Silencio o disparo! Digo que cada uno de nuestros millonarios, sea este grande, mediano, o incluso pequeño millonario, tendrá a su alcance una máquina de pedir.
(*Ruidosa protesta. El* CONSEJERO-DELEGADO *dispara al aire y la protesta se corta en seco.*)
Ya estáis avisados.
(*Toma un teléfono.*)
¡Oiga! Preparen los ataúdes de cerebros. Y avisen a pompas fúnebres. (*Cuelga.*) Pues bien; si hasta ahora fabricábais armas mortales, desde este momento fabricaréis la máquina de pedir. ¡No rechiste nadie, que lo seco! Y así, si antes producíais la muerte, ahora fabricaréis el bien.
(*Rumor. Dispara y uno se cae para atrás con su ataúd puesto.*)
¡Perdona, amigo! Luego te enterraremos en Arlington.
(*Carraspea.*) Fabricaréis el bien, último modelo. ¡Es una orden! Y ahora salgan con los brazos en alto. (*Rígidos, andan para atrás hacia las pantallas por donde saldrán.*)

Sean corteses, saluden.

(Saludan.) (Uno tropieza en el ataúd y se cae sin dejar de tener los brazos en alto.)

Y sonrían, ¡por favor!

(Lo hacen y van saliendo. Oscuro.)

(La DAMA, *con la cara cubierta de crema, está tumbada al sol. Los* ENANOS *se pelean por sus uñas, de las que sacan ritmos modernos. La* DAMA *toca el gong, hace indicaciones para que le rasquen la espalda, le espanten los mosquitos y le den masajes, pero los* ENANOS *están embebidos en la lucha por la posesión de sus uñas y obnubilados por la música. La* DAMA *protesta pataleando, pero ellos aprovechan este movimiento para producir una música accidentada y violenta.)*

DAMA.

¿Es que no digo nada? Me siento incomprendida por mis propios sirvientes.

(Les tira el gong. Ellos, de un modo precipitado, hacen todo lo que ella venía pidiendo, pero ella ya no quiere.)

Ahora ya no tengo esos caprichos. Soy un ser vivo, un ser cambiante. ¿No sabéis que cada instante debe tener su capricho? Sois conservadores. ¡Da asco cómo se ha puesto el servicio! Pero habéis costado un ojo de la cara y tendréis que dar rendimiento. ¡Vamos! Abrid aquel paquete y poneos los gorritos.

(Toman un paquete envuelto en papel de regalo. Sacan unos casquetes semejantes a los que se emplean para hacer electroencefalogramas y se los ponen. De los casquetes salen unos elásticos conectados a un telemando. Los ENANOS *no saben qué hacer con él.)*

¡Eh, eh! El poder para mí.

(Le dan el telemando.)

Esto es un regalo de mi maridito: la última palabra en servicio doméstico.

(Manipula el mando y los ENANOS *comienzan a moverse*

*como cochecitos de juguete. Sus cabezas chocan y
sueltan chispazos eléctricos. Le preparan un batido.
Zumban igual que electrodomésticos. Le sirven y ella
saborea.)*

¡No hay como las máquinas!

*(Le meten comida en la boca, perfuman el aire, le
colocan una nube encima para que el sol no la achi-
charre y le lavan los dientes. Le dan aire moviéndose
como ventiladores. La* DAMA *se duerme y sueña sin
soltar los mandos. Da voces incomprensibles. Los
sobresaltos del sueño de la* DAMA *repercuten en los*
ENANOS *y éstos comienzan a moverse de modo sonámbulo. La* DAMA *tiene un sueño de amor, una inconfe-
sable aventura y los* ENANOS *viven la pantomima del
acalorado sueño. En la piscina, el* PULPO *comienza
a emitir gemidos y sofocos de parto. Su respiración
llena el espacio. Un gemido profundo y desgarrado;
luego, un diminuto petrolero va subiendo por la cinta.
La* DAMA *trata de despertarse, pero el sueño le resulta
querido y pesado. El petrolero comienza a pitar.
La* DAMA *registra su maternidad y los* ENANOS *se
sienten parturientos. La* DAMA *quiere salir del sueño,
abrir los ojos, pero no puede. Los* ENANOS *se los abren
y se despierta.)*

DAMA.

¡Qué pesadilla!

(Pitidos del petrolero que se dirige al mar.)

¡Un nuevo petrolero! ¡Felicidades, querido! Todas
las felicidades para ti.

(La DAMA, *tumbada, hace que los* ENANOS *atiendan
al* PULPO *como ella lo hizo anteriormente.)*

¡Qué dichosa me siento! Soy una mujer último modelo: concibo, pero en vientre ajeno. Así no se altera
mi línea ondulante, ni nadie me babosea los senos.
Mis senos son de plástico.

(Se los quita y juega con ellos.)

Pura decoración. ¡Soy un artículo de lujo! Y como

madre, poseo la virtud de un pájaro muy pillo, el cuco, que cría en nido ajeno. Sin embargo *(emocionada)*, quiero a ese petrolero como si lo hubiera llevado seis semanas dentro de mí. Tal vez, porque no anduve por ahí cargada como un canguro, le quiero muchísimo más de lo normal. Me emociona verle dar sus primeros pitidos y ver cómo se va haciendo un lobo de mar. ¡Chiquitín! ¡Amor! ¡Precioso! *(Le tira besos.)* ¡Petrolerito!

(Los ENANOS *ponen en sus manos una botella de champán. Ella la empuja, da en el petrolero y éste desaparece.)*

Ya estás bautizado. Si revientas, no se perderá nada. *(A los* ENANOS.*)* Anotadlo en el registro del seguro.

(Los ENANOS *actúan mímicamente como una presión social contraria a los deseos e intereses de la* DAMA.*)*

¡No! De ningún modo. Del divorcio no quiero volver a oír ni una palabra. Prefiero sucumbir si es preciso. Soy feliz con mi esposo. Formo parte de la más alta decoración femenina. Lo dicen todas las revistas del mundo. Por si fuera poco, comparto... ¿la paternidad o la maternidad?... de una inmensa flota petrolera Y eso no lo caga un cuervo, ¿verdad que no, querido? De ahí la tirria que me tienen: envidian tus puestas. ¡Qué marranos! No comprenden que yo las tenga en un altar, les dedique mis ocios y me moleste contabilizándolas. Tú, además, no les gustas nada. Pero tendrán que fastidiarse. Trepando por mí asaltarás con tu dinero la ciudadela de esa sociedad que hoy te detesta. No te apures. Tendrán que aceptarte tal cual eres. Y son ellos los que han de cambiar. ¿Sabes cuándo? El día que sumen el valor de tus puestas. Ese día les obligaré a que me levanten un monumento.

(Los ENANOS, *manejados, hacen de pedestal de monumento. Ella se sube y, esculpida, es exacta al proyecto de la máquina de pedir.)*

Ya he visto el panorama.

(Se baja.)

Hoy sois libres, libres.
(Los desconecta.)
Traedme inmediatamente la prensa. Necésito saber si sigo siendo la emperatriz de las portadas.
(Salen los ENANOS.*)*
¡Son encantadores! Me gustan los criados, sobre todo ahora que ya no hay pobres. A través de ellos me siento legalmente ligada al pueblo.
(Los ENANOS *traen revistas. En sus portadas un título único.)*

SE HA DESCUBIERTO LA MÁQUINA DE PEDIR
(Ella no quiere ver las revistas.)
¡Si serán miserables! No saben arreglárselas sin pobres. ¿Creéis que una máquina va a poder conmigo? Yo soy poderosa. ¿Queréis verlo? ¡Enanos, se me antoja que nieve!
(Los ENANOS *desaparecen y nieva.)*
¿Véis? Y esto en una playa soleada. Estas cosas pasaban antes en los milagros, pero yo las tengo contratadas para mí. Vosotros sólo podéis fabricar una maquinita mendicante. ¿Tan mal os va con vuestra industria de guerra? Yo estoy en mi apogeo. *(Ocurre lo que va diciendo.)* Tiro de este hilo y hago noche del día. Tiro de este otro y hago día de la noche. ¡Buenos días! ¡Buenas noches! ¿Os apetece una tormenta? *(Rayos y truenos.)* Creo que está claro que no podréis conmigo. Lo vuestro es un mundo de prefabricados. Yo manejo algo que habéis olvidado: los caprichos de la naturaleza.
(El PULPO *comienza a zumbar. Ella lo saca del agua.)*
No, querido. Te prohíbo que pongas tan seguido. Eso ya es vicio. Puede darte un infarto de miocardio. *(Con mimos.)* ¡Me encanta cuidarte el miocardio! *(Los* ENANOS *suenan los mocos del* PULPO, *le dan de beber a ella, la desnudan, la ponen a punto, la meten en la hamaca, le colocan el* PULPO *encima y los mecen en la hamaca.)*

DAMA. *(Susurrando.)*
Dame un petrolero, querido... un petrolero inmenso... Lo que tú quieras... sí... soy toda tuya... dame...
¿Y por qué no me das aunque sólo sea una zanahoria?
¡Una zanahoria!
(Celosos, los ENANOS, *tiran el* PULPO *a la piscina. La* DAMA *se retuerce insatisfecha.)*
¡Ay! Tu pipi pequeño no jode, pero molesta!
ENANOS. *(Cantan acompañados de las uñas de la* DAMA.)*

> El pulpo chupa,
> es su virtud.
> ¿Qué otra cosa
> podría hacer?
> Es su natura
> chupar, chupar.

> El pulpo chupa
> y llegará
> a ser querido
> y admirado
> por sus modales
> en sociedad.

(Oscuro.)

(El CONSEJERO-DELEGADO *presenta al mercado la máquina de pedir, a la vez que la publicidad repite sus «slogans» por diversos medios. El* CONSEJERO-

7

DELEGADO *hace enormes esfuerzos para hacerse oír,
pero la mayor parte de las veces se ve atropellado
por el aluvión publicitario. Grita y trepa por los anun-
cios, o se mete a cuatro patas por debajo de ellos.
«Slogans».)*

—«Si quiere salvarse, compre hoy mismo su má-
quina de pedir.»
—«Rico, no sufras. Instala una máquina de pedir
en la conciencia. Dormirás tranquilo.»
—«La máquina de pedir se paga mientras duermes.»
—«Sin humillaciones. La máquina de pedir está
concebida con un alto sentido de lo que debe ser
la caridad en nuestra época.»
—«Un hogar sin máquina de pedir no es un hogar
de lujo.»
—«La máquina de pedir no cuesta: ahorra caridad.»
—«¿Todavía no ha comprado su máquina de pedir?
Hágalo antes que sus amistades sospechen de usted.»
—«No malgaste caridad: Inviértala.»

CONSEJERO-DELEGADO. *(Ante un micrófono que le
persigue.)*
...y si en los momentos de angustia y zozobra os
he hablado con coraje, ahora, con mi copa de optimismo desbordada, os digo que no marchan mal
los negocios. La máquina de pedir trae en su equipaje
una novísima moral. ¿Sabéis qué es eso? Es decir;
si durante un tiempo las guerras eran rentables para
nuestra Sociedad Anónima, últimamente han resultado un verdadero fiasco. A nuestros aliados había
que regalarles las armas e incluso darles el biberón.
Nuestros generales habían perdido su universal sonrisa y, taciturnos, se retiraban a los despachos de
la retaguardia para ganar el pan de las batallas
perdidas. Para colmo, nuestro hormiguero de pobres
fue brutalmente eliminado. Pero nuestra electrónica
inteligencia ha programado el milagro. Si hasta el

presente los pobres constituian nuestra reserva moral, de ahora en adelante —y esta es la gran novedad— liquidar la pobreza será un negocio sin precedentes. La humanidad nos dará las gracias. ¡Qué desvergonzado era pedir! ¡Qué incómodo era dar! Eso se acabó. La máquina de pedir, que actúa de un modo racionalizado, supone ahorro y eficacia en el campo nacional e internacional de la caridad. La máquina de pedir da un rendimiento jamás soñado por los pobres tradicionales. Pero no creáis; la máquina jamás se propasa. Eso era cosa de los pobres y de sus métodos artesanales. Y así, lo que fue vanidad y lujuria de una dama...

(La propaganda le impide seguir. Él, contagiado, repite uno de los «slogans».)

—«¿Todavía no ha comprado su máquina de pedir? Hágalo antes que sus amistades sospechen de usted.»
(Señala a alguien del público. Oscuro.)

(Se ilumina la otra pantalla. Cantando y bailando los RICOS, *con sus equipajes y dineros, abandonan el infiierno en bancarrota.)*

> Si el infierno conocieran
> quienes a él nos mandaron
> verían que este castigo
> es poco. ¡Se equivocaron!
>
> Ya sabemos los pecados
> que podemos repetir.
> Bien tarde nos enteramos:
> ¡no es pecado hacer sufrir!
>
> Yo con lo que aquí he aprendido
> he perdido un tiempo hermoso.
> Mi lanzallamas atómico.
> mil veces más poderoso.

La máquina de pedir
se puso de nuestra parte.
Pronto supo que los pobres
no compiten con su arte.

(*Llegan* POBRES *de distintos países. Visten de* GUE-
RRILLEROS *y tienen armamento moderno y abundante.
Avanzan con estrategia guerrillera, camuflándose y
ocultándose. La* DAMA *está tumbada al sol. Los*
ENANOS *cuidan y afinan sus uñas. El* PULPO *zumba
por momentos.*)

GUERRILLEROS.
    —Acabemos con esa cerda.
    —¡Pero si es guapísima!
    —Es un monstruo.
    —A mí me parece muy linda.
    —Eres un degenerado. ¡Es feísima!
    —Sí, sí, feísima.
    —Y es la culpable de nuestra ruina.
    —De su caprichosa caridad fueron víctimas todos
los pobres de su país.
    —Han muerto de indigestión. ¡Qué vergüenza!
    —No les calumnies. Muchos murieron de dignidad.
    —Pues a matarla.
    —Pobres del mundo, seréis vengados.
    —Eso aplaca la sed.
    —Parece increíble que una mujer tan tonta haya
desencadenado una catástrofe que abarca los cinco
continentes.
    —Una nueva Eva.
    —O algo peor.
    —Yo sólo creo en lo que veo. *Apunta a la* DAMA.)
Veo la guerra tecnológica contra nosotros.
    —¿Todo eso en un culín tan mono?
    —Los demás siguieron sus pasos con otros medios.
    —No exageres. Ella no inventó la máquina de pedir.
    —Pero sí su necesidad.

—Naturalmente. Al eliminar a los pobres de su país, creó las condiciones objetivas para el invento.

—La verdad es que, hoy por hoy, nuestro real enemigo no es ella.

—Ella es un símbolo dañino.

—Objetivamente es la prehistoria de la máquina.

—Hay que liquidarla.

—Yo la odio.

—No hables así. No vamos a matarla por sentimientos subjetivos.

—Insisto en que la odio.

—No debemos odiar a nuestros enemigos, no es humano.

—¿Entonces?

—Disparar sobre ellos simplemente.

—Quienes odian, envenenan sus almas.

—Yo estoy desalmado.

—¿Cómo puede ser eso?

—Soy materia en movimiento.

—Acabemos de una vez.

—Voy a dispararle mi bazoca. La haré papilla.

—No dispares.

—¿Te compadeces de ella?

—¿Quieres violarla?

—Antes debemos establecer las bases ideológicas de su muerte.

—Y políticas.

—Me parece que no debemos matarla con un bazoca.

—Entonces le descargo mi metralleta entre las cejas.

—Tampoco me convence esa muerte.

—Lo que tú quieres es pedir su mano.

—Tengo un presentimiento. No debemos emplear sus armas.

—Son eficacísimas.

—Sí; tanto como la máquina de pedir.

—Disparo mi bazoca y después hablamos.

—El bazoca también es un producto de la técnica.

—Volvamos la técnica contra ellos. *(Apunta a la* DAMA.*)*

—Si le disparas y gastas una bala, ellos nos venderán otra. Tu heroica acción será un negocio para ellos.

—¿Entonces?

—Para que sea totalmente nuestra, esta acción debemos hacerla a mano. Con nuestras manos artesanales y milenarias. Manos que se liberan de la esclavitud a través del sacificio de sus opresores.

—¡Bravo!

—Nuestras manos pueden ser un tesoro.

—¡Viva el arma de nuestras manos, desnudas!

—¡Viva la muerte artesanal!

—¡Viva!

(Dice una voz en el anónimo.)

—¿Y no será mejor que muera?

—Vamos a matarla.

—La muerte brilla en nuestras manos.

—Arrojemos las armas.

—Cuánto pesan. *(Las van dejando.)*

—¡Qué peso más inútil!

—La verdad es que no comprendo para qué las hemos traído desde tan lejos.

—Yo vengo de la India. No es tan fácil conseguir un arma allí.

—En mi país, en Estados Unidos, si no vas armado, te detienen.

—Mi arma la vengo arrastrando desde África del Sur.

—Yo vengo de más lejos, de Oceanía. *(Todos.)*

—Venimos de los cinco continentes. Luchamos por la causa de nuestros hermanos aniquilados por la máquina de pedir. Somos el brazo esclarecido de los pobres del mundo.

—De todos modos es una pena haber venido tan cargados.

—Era necesario.

—¿Necesario?

—Sí, para disimular.

—¿Una coartada?

—Exacto. Si venimos sin armas, la C.I.A. nos hubiera tomado por lo que no somos.

—¡Cómo la hemos engañado!

—Con sus propias armas.

—En todas partes nos tomaban por consumidores de sus armas.

Efectivamente, por clientes suyos.

—¡Asesinemos a esa zorra!

(Espían a la DAMA *con ánimo de saltar sobre ella.)*
(La DAMA *suelta una aparatosa carcajada y patalea para que los* ENANOS *dejen sus uñas. Lee instrucciones en un folleto.)*

DAMA.

¡Magnífico! ¡Maravilloso! «¡La electrónica y el servicio doméstico!» *(A los* ENANOS.*)* Esto me pasa porque no me habéis leído el folleto. «Si los mandos se pulsan con las manos, los criados, pajes o enanos recibirán los estímulos necesarios para cumplir todas las tareas domésticas, sin necesidad de molestarse en darles órdenes verbales. De ese modo también se puede jugar con ellos a los cochecitos, trenes eléctricos, animales salvajes y domésticos, lo que proporciona un agradable esparcimiento.»
(Juega con los ENANOS *y saltan chispazos eléctricos al chocar sus cabezas.)*

GUERRILLEROS.

—¿Veis cómo está borracha de técnica?

—Nuestras manos desnudas le servirán de purga.

—La muerte natural purifica.

—Será lo único natural que habrá tomado en su vida.

—Hagamos con nuestros brazos una soga mortal para darle a beber la muerte natural.

(Juntan y trenzan sus brazos, formando un laberinto del que la DAMA *no podrá salir.)*

DAMA.

Pero ahora viene lo bueno: «Lo extraordinario es cuando, en la intimidad, se aplican los suplementos del aparato. Éste toma entonces la forma de un sostén y se usa ciñéndolo al busto. Los servidores, enajenados por la electrónica, realizan de modo totalmente inconsciente —lo que evita el chismorreo— nuestros más escondidos deseos. Si la fase A comprende los servicios domésticos y juegos infantiles, la fase B comprende los oscuros deseos.» ¡Qué bueno! A mí me gusta probarlo todo.

(Va a colocarse el aparato y vacila.)

¿Podré? Yo odio la pobreza. Eso me da bula para hacer lo que se me antoje. ¡Viva el sostén de los deseos!

(Se lo coloca. Los ENANOS *se caen muertos. Luego se levantan y se mueven como en sueños, mezclando actitudes y estados de ánimo. Hacen cosas contrarias: la realización del ardiente deseo y su furiosa represión. Ejercen la caridad y roban a los mismos que la reciben. Miman a un perrito, a un gato o a un pájaro y le retuercen el cuello a un niño cuyo llanto se oye y molesta.)*

DAMA.

¡Qué horror! ¿Es que yo soy así? *(Asustada.)* ¡No, no! Es que tengo los senos de plástico. Sí, debe ser eso; el plástico de mi decoración femenina.

(Tiran el dinero para darse el gusto de gastarlo y ejercen la tacañería a la hora de pagar un servicio. Comen desenfrenadamente y luego toman pastillas para adelgazar. Tratan de ponerse un vestido estrechísimo. Desprecian al PULPO *y adoran a sus petroleros. La* DAMA *se reconoce y se espanta de su intimidad. Quiere verla y no verla. Los* ENANOS *hacen pantomima de arrepentimiento. Reacción violenta. Si el mundo*

*es perverso, hay que defenderse con uñas y dientes
para no ser atrapado. Se quita el sostén. Los* ENANOS,
fieles como cachorros, descansan a sus pies.)

GUERRILLEROS.
—Cuando la matemos se acabará la perversión.
—Los esclavos se sentirán libres.
—Son como sus juguetes.
—Ese destino nos espera si no la matamos de
una vez.
—Incluyamos en nuestro programa la libertad de
los juguetes.
—Quienes se apresten a ser juguetes, que no se
pongan a la sombra de nuestras banderas.
—¿Debemos matarles? *(Señala a los* ENANOS.*)*
—No; con liberarles basta.
—Están amaestrados.
—Sí; podrían contagiarnos.
—¿Es que no estás seguro de nuestra política?
(Coge un arma del suelo.)
*(Nace un petrolero. Le ven marchar por la cinta y
le disparan. Se deshace en sangre. La* DAMA *da un
grito y se sobrepone.)*
—¿Un petrolero cargado de sangre?
—Venden, compran, comercian con la sangre.
—Vamos a matarla.
(Todos.)
—¡Vamos!
*(Pero no se mueven. Se miran unos a otros. La des-
confianza va creciendo entre ellos. Se asustan de sus
propios movimientos y hacen ademanes defensivos.)*
—¿Qué pasa?
—¿Por qué no la matamos?
—¿Tenemos miedo a nuestro propio triunfo?
—¿No nos habremos equivocado?
—Nuestro camino es el único correcto.
—El señalado desde. hace siglos por nuestros
clásicos.

—El que nos enseñaron nuestros maestros.
—¿Estáis seguros?
(Varios.)
   —Segurísimos.
—¿En qué lo notáis?
—Nos lo sabemos de memoria.
—Yo podría recitar ahora mismo páginas y páginas.
—Y yo los pasajes más notables.
—Pero tú dijiste que esa mujer era guapísima.
—Tú mismo puedes verlo.
—Yo no quiero que mis ojos me traicionen.
—¿Yo traidor?
(Todos.)
   —¡Sí, sí!
—Tratas de ablandarnos con su belleza.
—Tu mirada es idealista.
—Subjetiva.
(Todos.)
   —¡Debes morir!
—Antes dejadme que la mate.
—De ningún modo.
—Prefiero morir matando.
—Un tipo como tú no merece pasar a la historia.
(Le dispara.)
   —¡Los pobres vencerán! *(Cayéndose.)* ¡Conquistarán el mundo!

DAMA. *(Alarmada.)*
   ¡Disparos, siempre disparos! Mi vida es una estela de disparos.

GUERRILLEROS.
   —Ahora vamos al grano.
—Morirá como una rata en su agujero.
(Cae sobre una rata.)
   —Como una zorra en su madriguera.
(Destroza la madriguera.)
   —Como una víbora en la boca de una mangosta.

(Mueve la cabeza igual que si tuviera una víbora entre los dientes. Después de un silencio vuelven a mirarse con miedo, unos a otros.)

—Entre nosotros sigue habiendo un traidor.

—¿No lo hemos matado ya?

—El verdadero traidor sigue vivo.

—¿Y qué hacer con éste?

(Señala al muerto.)

—Le rehabilitaremos cuando pase algún tiempo.

—Pero antes matemos al verdadero traidor.

—¡Muera quien sabotea nuestra acción!

—Tú eres el traidor.

—¿Por qué?

—Dijiste que era fea.

—Todos dijeron lo mismo.

—Tú fuiste el promotor de esa condena.

—Y eso es objetivamente falso.

—Acabemos con el pesimismo en nuestras filas.

—Eres un idealista negativo.

(Todos.)

—¡Muere!

(Le disparan y cae.)

—¡Lo arrasaremos todo! ¡Triunfaremos!

DAMA. *(Sobresaltándose de nuevo.)*

¿Más disparos? Creí que las armas ya no eran negocio. Mi vida es un coctel de caridad y balas.

GUERRILLEROS.

—Vamos a estrangularla con nuestras manos desnudas y puras.

—¿Puras tus manos?

—Dejemos las armas y manos a la obra.

—Suéltalas tú primero.

—¿Desconfías de mí?

—Tú desconfías de todos nosotros.

(Todos.)

—¡Eres un vendido!

—Retirad esa palabra o disparo.
(Todos.)
—No te daremos tiempo.
(Disparan y se matan unos a otros.)

DAMA. *(Aterrada. Los* ENANOS *despiertan y tiemblan de miedo.)*
¿Quién sembró armas en mi oasis?
(Ve el petrolero destrozado.)
¡Hijo mío! *(A los* ENANOS.*)* ¡Buscad la bala! Por la bala se conoce al asesino.
(Encuentran la bala y se la dan a oler.)
No cabe duda: esta bala ha sido disparada por un pobre. ¡Qué ingratitud! ¡Y yo, desdichada, que pensaba comprarte un sonajero en la calle 42!
(Anda entre los muertos sin verlos.)
Llevad ese cuerpo tiernísimo al panteón de los desechos familiares. *(Salen los restos.)* Yo me quedaré llorándole. ¡Enanos!
(Entran ya sin nada.)
Quiero mandar un telegrama a los fabricantes de armas. *(Toman nota.)* «Ruego pongan silenciador a las balas. Stop. Si pobres se empeñan en seguir disparando no sobresalten mi corazón desolado. Stop.»
(Desde la playa los ENANOS *cursan el telegrama. Hablan por todos los teléfonos de un modo febril.)*
¡Hijo! Te han hundido sin probar el petróleo.
(Piensa en el Pulpo.*)*
¿Le avisaré? No. Se llevará un enorme disgusto. Debo tragarme solita mi pena. Si le doy tan mala noticia, seguro que le hago abortar.
(Oscuro.)

CONSEJERO-DELEGADO. *(Como si fuera un presentador de televisión.)*
¡Señoras y señores! Transmito desde nuestros estudios centrales instalados en el Mercado de Valores Humanos. Todos saben que la máquina de pedir ha

sido el negocio del siglo. Desde el primer momento las cotizaciones no han dejado de subir. La máquina de pedir está barriendo ese oprobio, ese azote de la humanidad: la pobreza. Leeré los últimos cables que acaban de llegar de los frentes de guerra contra la pobreza. *(Se ven imágenes y se oye música de las zonas del mundo que se mencionan.)*

La India, con más de 400 millones de pobres, ha sido uno de nuestros mejores clientes. Desde su prematura independencia, la India venía librando una infructuosa campaña contra la pobreza. Pero en pocas semanas, la máquina de pedir realizó el sueño milenario. Ya no hay pobres en la India. En los basureros de las grandes ciudades, en las zonas rurales más densamente pobladas e incluso en algunas zonas selváticas, se ven los residuos de la triunfal batalla contra la pobreza.

(Se ven montones de pobres por todas partes, algunos colocados en piras humeantes.)

Las piras ya han comenzado a arder, pero la batalla fue tan a fondo que habrá que importar leña de los Estados Unidos. A este fin, el Banco Mundial de Reconstrucción y Fomento acaba de conceder un crédito al gobierno hindú para comprar excedentes norteamericanos de leña apolillada.

(Se ven barcos cargados de leña.)

Dentro de breves días ni el olor a pobre quedará en la India milenaria, cuna de tantas religiones.

(Se ven templos y dioses.)

También Africa, pese a su tambaleante balanza de pagos, ha sido un buen comprador de máquinas de pedir. Los líderes de esa vasta región del mundo subdesarrollado, asesorados por técnicos de los organismos internacionales competentes, supieron ver en la máquina de pedir el instrumento idóneo para luchar contra la pobreza crónica.

(Círculos de negros muertos, a quienes la máquina sorprendió tocando y bailando.)

En los turbulentos países de América Latina, la rápida acción de las máquinas de pedir ha restaurado definitivamente la armonía social.

(*Los grandes ríos arrastran a los muertos.*)

Pese al crónico desequilibrio de la balanza de pagos de todos estos países, se cree que esa zona del mundo entra en una etapa francamente favorable para las inversiones extranjeras.

(*Entra un periodista corpulento.*)

¡Acaba de llegar un gran periodista! Viene directamente de la primera línea del frente contra la pobreza.

Periodista.

Sí, vengo de la India feliz.

Consejero-Delegado.

¿Cuál es su impresión?

Periodista.

¡Impresionante!

(*El periodista se pone de espaldas.*)

Consejero-Delegado.

Ya lo están oyendo. Ahora vamos a preguntar a otro famoso periodista que acaba de llegar de los frentes de África.

(*Le da la vuelta al periodista.*)

Periodista.

El peligro demográfico ha sido barrido. La pobreza ancestral ha fallecido en África.

(*Vuelve a ponerse de espaldas.*)

Consejero-Delegado.

Otro periodista responsable acaba de llegar de Latinoamérica. (*Le da la vuelta al* Periodista.) ¿Qué nos dice de América del Sur?

Periodista.

Yo vengo del Japón.

CONSEJERO-DELEGADO.
¡Un país ejemplar!

PERIODISTA.
Allí, pese al gran desarrollo industrial, la pobreza era una tremenda pesadilla. Pero la máquina de pedir la zanjó en dos patadas.

CONSEJERO-DELEGADO.
¿Puede darnos más detalles de ese país tan laborioso?

PERIODISTA.
Pese a que hace dos semanas escasas que los japoneses nos han comprado las primeras máquinas de pedir, acaban de lanzar al mercado una *(el optimismo del* CONSEJERO-DELEGADO *se va agriando)* máquina de pedir en miniatura, un aparato de bolsillo muy útil para combatir la pobreza en los países pequeños.

CONSEJERO-DELEGADO.
¡Otra vez los nipones!

PERIODISTA.
Lo más sorprendente es que la C.I.A. ya les ha hecho un fabuloso pedido para conspirar contra la pobreza en los países socialistas.

CONSEJERO-DELEGADO. *(Cada vez más congestionado.)*
¡Pero si ese es nuestro mercado de reserva! No pueden hacernos semejante jugada. Sería... sería... *(Se siente muy mal.)* Esa miniatura me ha llegado al corazón.
(Se lleva la mano al lado izquierdo del pecho, se tambalea y cae. El PERIODISTA *apaga la televisión y salta fuera.)*

PERIODISTA.
¡Fenomenal! Tengo la exclusiva de su muerte. Los periódicos del mundo entero me pedirán de rodillas

que les venda la exclusiva. Ganaré un montón de dinero... Un título así: «Yo, Michael Wood, le vi morir.» ¡Sensacional!...

(Se siente desconcertado y culpable.)

Pero... pero ¿y si me cuelgan el muerto? ¡No, no quiero que me devore la verdad! Han hecho de mí un asesino solitario. ¡Me volveré loco! *(La locura como refugio.)* La locura, la locura, puede ser mi salvación. Seré un loco suelto. ¿Dónde hay un neurólogo?

(Busca en lugares absurdos.)

¡Neurólogo! ¡Neurólogo!

(Silba como si llamase a un perro.)

¿Dónde se habrán metido los neurólogos?

(Tiene una idea que le ilumina el rostro. Risa alegre e histérica.)

¡Sí... sí... fueron ellos! Escribiré un reportaje que dará varias veces la vuelta al mundo.

(Prueba títulos mentales.)

Ya lo tengo: «Nueva víctima de los miniaturistas japoneses.» Con este reportaje le ganaré de mano a la C.I.A. ¡Toco madera!

(Busca madera.)

¡Pero si todo es plástico! Si no toco madera, me hundo. ¡Madera! ¡Madera! *(Retrocediendo.)* No, no han sido los miniaturistas japoneses... Ya sé, ya sé... Los japoneses son nuestros mejores clientes... Quiero decir, aliados... ¡Todo ha sido obra de un japonés solitario... solitario... solitario... solitario!...

(Sale retrocediendo, mientras un eco sigue repitiendo esta última palabra.) (En bandeja de plata, un enano entrega a la DAMA *un paquete pequeño. Sale el* ENANO.)

DAMA.

¿Será... será una bomba?

(Lee la tarjeta.)

«El director comercial de la C.I.A. besa la mano a la precursora de la máquina de pedir, a la vez que tiene el placer de adjuntarle una miniatura japonesa de dicha máquina. Nuestras más expresivas felicitaciones para usted y para su señor esposo, tan admirado por nosotros. Reciba usted nuestra especializada devoción. THE C.I.A. SALES MANAGER.»

DAMA. (Al PULPO.)
Cariño, el mundo comienza a respetarte. La C.I.A. te admira. Si ella te incluye en su fichero social, es que has triunfado. ¡Lo he conseguido! Estoy orgullosa de que trepando por mí hayas alcanzado metas tan altas. (Lee de nuevo.) ...«su señor esposo, tan admirado por nosotros». ¡La consagración social! (Abre el paquete.) ¡Socorro! ¡Socorro!
(Entran los ENANOS con un extintor de incendios.)
¡Enanos, destripadme esa bomba!
(Se lanzan al paquete y lo huelen.)
¡Fuera de aquí! ¡Lejos, lejos! ¿No veis que es un regalo de la C.I.A.?
(Los ENANOS, con sonrisa oriental, abren el paquete y sacan una DAMA en miniatura.)
¡Oh! ¡Pero si soy yo!
(Lee.)
«Made in Japan.» ¡La máquina de pedir en miniatura! Debe ser algo muy práctico.
(Examina el parecido con ella.)
Somos exactas. Por algo soy la precursora. Me encanta que la humanidad lo reconozca. (Con placer.) Millones de hombres acariciarán mi cuerpo en todo el mundo. Seré el trasero mejor manipulado de la tierra. (Espasmódicamente.) ¡Oh!...
(Se tumba rebosante de placer. Los ENANOS atienden sus uñas. La máquina comienza a funcionar.)

MÁQUINA. (Con acento japonés.)
«Pedir ha dejado de ser un oprobio. Acariciar suavemente mi cuerpo y sentiréis un inmenso placer. Os sentiréis generosos. A través del tacto, las partes

más sensibles de mi cuerpo apelarán a vuestros bolsillos y daréis con gozo diez centavos, en vez de los cincuenta que exije el modelo americano. Tocando mi cuerpo, dar limosna se ha convertido en un eros económico-estético.»

DAMA. *(Despertándose.)*
   ¡Salid de aquí, sinvergüenzas!
(Salen los ENANOS.*)*
   Te daré un besito. Aquí, en el ombligo.
(Besa la miniatura y siente cosquillas en su ombligo.)
   ¡Oh, qué dulce recompensa!
(Besa otras partes y siente cosquillas en las mismas que besa.)
   Puedo autoabastecerme. ¡Magnífico! Produzco el placer que consumo.
(Se entrega a la miniatura y se retuerce de placer. El PULPO *asoma su cabeza. Sale de la piscina, se arrastra hasta la* DAMA *y le arrebata la miniatura.)*
   ¡Es mía, muy mía! La C.I.A. me la ha regalado.
(El PULPO *la apretuja entre sus tentáculos. Le da la espalda a la* DAMA *y se pone rijoso y babeante.)*
   ¿Y yo?
(El PULPO *la tira de un empujón.)*
   ¡Bárbaro! ¿Así me agradeces tu ascensión social?
(Del PULPO *cae un montón de monedas.)*
   ¿No irás a dar todo eso? Reparte conmigo.
(Va a coger el dinero, pero el PULPO *la aparta con un violento empujón.)*
   ¡Miserable! La caridad bien entendida empieza por casa.
(Por la pantalla entra un tropel de RICOS *que llegan directamente del infierno. Traen sus equipajes y una serie de recuerdos infernales.)*

RICOS.
   —¡Querida, querida!
   —¿Dónde estás?

DAMA.
¿Quién me llama?

RICOS.
Tus mejores amigos.

DAMA. *(Al* PULPO.*)*
¡Compórtate!
(El PULPO *se mete en la piscina con la miniatura.)*
¡Reprímete! Tienen de ti un concepto alturista.
(Hace una reverencia.)
Sean bienvenidos.

RICOS.
—Hemos querido conocerla materialmente.
—Venimos directamente del infierno.
—Nos ha redimido la máquina de pedir.
—Su primer milagro.
—La electrónica es invencible.
—Es usted la madre del bien.
—Antes de ir a casa queremos agradecérselo.
—Y pedirle perdón por las maldiciones que al principio le echamos.
—¡No sabíamos lo que hacíamos!
—La máquina de pedir está siendo el negocio del siglo.
—¡La admiramos, señora!

DAMA. *(Con un ojo puesto en los escándalos de la piscina.)*
Los revolucionarios nunca somos comprendidos de entrada.

RICOS.
Hemos venido a reconocer su obra.
(Besan su mano.)

DAMA.
¿Son besos de la C.I.A.?

RICOS.

—¡Calle, por favor!

—¡Menuda jugada nos hizo!

(Tratan de cambiar de tema.)

—Preséntenos a su marido.

—Sí, queremos estrechar sus... tentáculos.

—Le haremos una gran propuesta.

—Será nuestro nuevo Consejero-Delegado.

(La DAMA *da un salto.)*

DAMA.

Está ocupadísimo, pero ahora mismo le mando llamar.

(Pulsa los mandos y entran los ENANOS *con una silla de ruedas. Sacan al* PULPO, *lo sientan y, sin que los visitantes lo vean, se llevan la miniatura.)*

RICOS.

¡Qué parejita más moderna! *(Salen los* ENANOS.*)*

DAMA. *(Preséntandolo.)*

Mi marido. No habla nuestro idioma, pero entiende perfectamente.

RICOS.

—¡Admirable! *(Todos le hacen reverencia.)*

—Muchísimo gusto.

—Tenía grandes deseos de conocerle personalmente.

—Se le estima de verdad en nuestros medios financieros.

DAMA. *(Interpretando un gesto del* PULPO.*)*

Dice que al grano, al grano.

RICOS.

¡Qué admirable sentido práctico!

DAMA.

Siempre está ocupadísimo.

RICOS.

No obstante, quisiéramos rogarle que sea usted nuestro Consejero-Delegado.

DAMA. *(Interpretando otros gestos del* PULPO.*)*
¿Cuánto?

RICOS.

No hay techo económico.

DAMA.

¿Su poder?

RICOS.

Ilimitado.

DAMA.

Acepta.

RICOS. *(Todos.)*
¡Okey! Un abrazo, querido Consejero-Delegado. *(El* PULPO *los abraza hasta estrujarlos. Prisioneros de sus tentáculos, intentan disimular que les aprieta. Aterrorizados, ocultan su miedo. Tratan de zafarse, pero el* PULPO *vuelve a atraparles.)*

—Nunca me han abrazado tan cordialmente.

—Ni de un modo tan efusivo.

—Legaré este momento emocionado a mis descendientes.

—¿Quién iba a sospechar que nos queríamos tanto?

—Con tanto cariño, nos haremos de oro.

—Es usted un ser superior.

—Bajo su mando nuestra Sociedad Anónima avanzará sin cesar.

—Nunca conocí a nadie que abarcando tanto apretase más.

—¡Colosal capacidad de trabajo!

—Su esposa es bellísima.

—Pero se la merece una y mil veces.

—No nos extraña su talento. Claro que después de todo, es usted un ser creado por el Todopoderoso. *(Ya estrujados, el* Pulpo *arroja el racimo de* Ricos *a la piscina.)*

Dama. *(Se ríe satisfecha.)*

¡Tiene gracia! En el fondo, a quien realmente detestamos es a los ricos. ¡Cariño, ya eres el Consejero-Delegado!

(Oscuros temores.)

Seré una esposa digna de ti... Siempre lo he sido, ¿verdad pichón?

(El Pulpo *da un fiero bufido.) (Entran los* Enanos *asustados. Dan al* Pulpo, *para calmarlo, la miniatura japonesa que oculta entre sus patas. Le atan a la cabeza el sostén de los deseos, quedando ellos convertidos en autómatas. El* Pulpo, *lleno de lujuria, contagia a los* Enanos *y les emite órdenes. Los* Enanos *preparan el local para una gran fiesta elegante. Cubren la piscina y colocan una alfombra. Traen un altar, adornan a la* Dama *y la atornillan en la ornacina. Visten al* Pulpo *de señor importante, le pintan colores en sus mejillas y le dibujan una sonrisa benefactora y plácida. Los* Enanos *se visten de camareros y se colocan a la entrada para recoger los abrigos, etc., de los invitados. Llegan los* Ricos, *algunos con sus esposas, gordas y pomposas y flacas desabridas. Ellos saludan al* Pulpo, *quien simula levantarse a cada apretón de manos. Comienza a funcionar un gran incensario. Ellas colocan ramos de flores y cirios encendidos en el altar de la* Dama. *Las mujeres miran a ésta con envidia y admiración; los caballeros deseándola. Los* Enanos *sirven bebidas. La* Dama, *rígida, también bebe. Los* Enanos *descorchan champán y se lo echan al* Pulpo *por la cabeza, él se relame. La*

DAMA *saca un cigarrillo y un joven se sube a darle fuego. El* PULPO *le fulmina con la mirada. La víctima cae y los* ENANOS *la echan con los pies debajo de la alfombra. Todos celebran la felicidad de la pareja. Un invitado se pone melenas de poeta y escribe un cartel para la* DAMA.*)*

«COLOCAR EL AMOR EN UN ALTAR...
¡ESO SÍ QUE ES AMAR!...»

(Todos aplauden blandamente. De pronto, las pantallas de televisión comienzan a vociferar.)
   «¡Crisis! ¡Crisis! ¡Crisis!»
(El PULPO *da una orden a los* ENANOS *y éstos desatornillan a la* DAMA, *quien va a curiosear a las pantallas. Los invitados están por los suelos, en estado de descomposición. Con una esponja, los* ENANOS *borran los colores y la sonrisa del* PULPO. *Comienzan a llegar los cerebros electrónicos, se sientan en sus taburetes portátiles y ensamblan sus cabezas. Para hacer espacio, los* ENANOS *arrastran fuera a los invitados.)*

DAMA. *(Rígida y con voz impersonal.)*
   ¿Qué pasa?

VOZ.
   La máquina de pedir ya no es negocio.

DAMA.
   ¡No es posible!

VOZ.
   El mercado está saturado. Los pobres ya no existen.

DAMA.
   ¿Y en la geografía del hambre?

VOZ.
   Caímos sobre ella como la plaga de la langosta.

Los pobres tradicionales fracasaron ante nuestra máquina de pedir.

DAMA.
Sería estúpido que un mendigo analfabeto pudiese competir con una máquina electrónica.

VOZ.
Fracasaron. No resultaron competitivos. Los periodistas más perspicaces, al hablar de la fulminante campaña contra la pobreza, comparan la operación con el lanzamiento de los insecticidas al mercado mundial.

DAMA.
¿Y qué me dices de los japoneses?

VOZ.
Hay noticias confusas.

DAMA.
¿Pero tú qué opinas?

VOZ.
No tengo opinión.

DAMA.
¿Es que no tienes sangre?

VOZ.
No. Soy la Oficina de Información de la C.I.A.

(*La* DAMA *trata de arrojarle algo a la pantalla, pero su acción queda paralizada. La plataforma de cerebros ya está preparada y el* PULPO, *ayudado por los* ENANOS, *se sube a ella.*)

DAMA.
Querido, tengo miedo. Dame un beso para espantar este escalofrío.

(El Pulpo *le da un enorme collar de perlas. La* Dama *se lo pone.)*

¡Precioso! Pero quiero algo íntimamente tuyo.

(El Pulpo *la aparta dándole un fajo de billetes. Ella calcula sopesándolo y se lo mete en el pecho.)*

Quiero algo más, mucho más íntimamente tuyo. *(El* Pulpo *hace unos extraños esfuerzos y saca de sí un ·petrolero de oro con una cadena. La* Dama, *resplandeciente, se lo cuelga al cuello. Lo acaricia, lo mima y, cuando se pone a besarlo de modo desenfrenado, el petrolero estalla como un globo de plástico. La* Dama *se cae desmayada.) (Los cerebros electrónicos del Consejo comienzan a funcionar ruidosamente y a emitir fichas en blanco. En las pantallas suenan disparos y pasan corriendo gángsteres y policías. Gritos de horror mezclados con aullidos de sirenas, disparos de metralletas, timbres de alarma y pitidos de policía. El Consejo de cerebros emite tarjetas alarmantes.)*

«¡Ladrones!» «¡Policías!» «¡Gángsteres!» «¡Crímenes horrendos!» «¡Atracos!» «¡Bandidos!» «¡Violaciones!» «¡Nos amenaza una ola de sadismo!»

(El Pulpo *da un bufido. Llegan los* Enanos *y tocan las uñas de la* Dama, *produciéndose una música tétrica y alarmante. La* Dama *se recupera y golpea con sus puños a los cerebros.)*

Dama.

¡Basta de miedo! Si los malhechores nos atacan habrá que buscarles un empleo adecuado. ¡Discurrid! *(Por las pantallas llegan atracadores, gángsteres y sádicos. Los* Enanos *se convierten en la estatua de la Libertad y pasan desapercibidos. La* Dama *chilla, pero la amordazan. Mientras unos se dedican al robo y registran los bolsillos de los miembros del Consejo que están con los brazos en alto, los sádicos destrozan a la* Dama, *dejando su cuerpo descuartizado. Un sádico trata de violar al* Pulpo, *pero éste se retuerce de placer y acaba devorando al sádico. Pistola en mano, los asaltantes salen andando para atrás. A una orden del* Pulpo, *los* ENANOS *recogen los trozos que han quedado de la* DAMA *y la echan dentro del aparato formado por los cerebros electrónicos. Llegan dos policías, esposan a los* ENANOS *y se los llevan. Del conjunto de cerebros salen chispas y ruidos. El aparato se descompone. El* PULPO *se cae al suelo, y se arrastra hasta su silla, donde se instala en actitud de mando. Los restos del cerebro comienzan a moverse espasmódicamente. De entre sus ruinas va surgiendo una nueva máquina. Es una figura de acero inoxidable cuya fisonomía es un calco de la* DAMA *con atributos de Mercurio. De sus pechos, que los sádicos habían cortado, salen dos cañones de ametralladoras. Los consejeros electrónicos, con sus cabezas rotas, colocan su creación en el altar y se la ofrecen al* PULPO.)

UN CONSEJERO.

He aquí la máquina de pedir perfeccionada. Ahora, además de pedir, roba. Los malvados tienen los minutos contados. Tampoco ellos podrán competir con una máquina electrónica.

CONSEJEROS. *(Todos.)*

¡Sí! Podemos estar orgullosos de nuestra técnica. ¡Sí! Podemos estar orgullosos de nuestra inteligencia electrónica... ¡Sí! Podemos estar orgullosos *(como un disco rayado)*... orgullosos... orgullosos...
(Los CONSEJEROS *caen formando un montón de chatarra. Entran los invitados y adoran la máquina de pedir perfeccionada. Llega una nube cargada de angelotes cachondos y se llevan a la Máquina. Todos se quedan en éxtasis, esperando el milagro. Se oyen lejanas descargas de ametralladoras. Por las pantallas de televisión comienzan a rodar tesoros y toda clase de objetos valiosos. Los invitados miran con creciente codicia las cosas que llegan sin cesar. Se lanzan sobre ellas, robándoselas unos a otros. El* PULPO *protesta, pero no oyen sus bufidos. La pelea crece en violencia.*

Mezclados con los objetos y el dinero, llegan mori-
bundos, ladrones, sádicos y gángsteres con sus armas
chamuscadas.)

LADRONES, SÁDICOS Y GÁNGSTERES.
—Señor, a todo hay quien gane.
—Mi oficio era robar, pero me han dejado sin
trabajo.
—Para mí el último de mis degüellos.
(Se corta la cabeza.)
—¡Quién tuviera una máquina de pedir perfec-
cionada!
—No se puede con la electrónica.
—Esto nos pasa por no haber sabido evolucionar
con el siglo.
—Que el cielo perdone nuestro desfase.
—Roguemos para que la máquina de pedir perfec-
cionada nos conceda mejor vida en el más allá.
(Todos.)
—¡Amén... amén... amén! *(Se mueren.)*
(La nube devuelve la máquina a su hornacina y se
queda vigilante, sobre el altar. La Maquina trae casco
de guerra. De su cuello y brazos cuelgan muchísimas
alhajas. Sus dedos están cuajados de brillantes anillos
y sortijas. Aterrorizados por la llegada de la Máquina,
los invitados se roban y se dan patadas de modo clan-
destino.)

VOZ TELEVISIÓN.
¡Basta! La televisión le declara la guerra al verba-
lismo. Las palabras de relleno han sido condenadas
a muerte y fusiladas al amanecer. Por ello, en vez
de palabras, ofrecemos a nuestros telespectadores
nuestro primer programa de limpieza a domicilio.
(Salen jóvenes y deslumbrantes presentadoras con
parches en la boca. Ordenan las cosas que han entrado
en tropel por las pantallas. El Pulpo *deja la silla y*
se coloca, como un pisapapeles, sobre los objetos que

tanta codicia siguen despertando entre los invitados.
Las presentadoras barren y echan los residuos y los
cadáveres debajo de la alfombra. Saludan y salen
por las pantallas. Los invitados vuelven a robar. La
máquina hace disparos al aire y todos se quedan con
los brazos en alto.)

MÁQUINA. *(Voz metalizada y dura.)*
¿Por qué?

INVITADOS.
Tal vez la costumbre.

MÁQUINA.
Os ordeno que seáis felices.

INVITADOS.
¿Cómo vamos a serlo si el Banco de los Pobres
se ha quedado sin accionistas?

MÁQUINA.
Os ordeno no añorar el pasado.

INVITADOS.
—¡Gracias a ti somos progresistas!

MÁQUINA.
Ya visteis cómo les gané la partida a los malhechores.

INVITADOS.
—Gracias a ti nadie nos hará la competencia.

MÁQUINA.
El mundo está lleno de secretos tesoros. Os ordeno
que los busquéis.

INVITADOS.
—¿Cómo descubrirlos si han desaparecido los
ladrones!
—No tenemos olfato para eso.

MÁQUINA.

¡Hombres de poca fe, la técnica os salvará!

(*El* PULPO *da un bufido. Los invitados no saben cómo interpretarlo.*)

INVITADOS.

—¿Qué habrá dicho?

(*Otro bufido más fuerte.*)

—Ya entiendo. Quiere que aquí mismo instalemos una fábrica de máquinas de pedir perfeccionadas.

—¿Y esa de quién es?

—Es mía.

—Nada de eso. Es mía.

—Mía, muy mía.

(*El* PULPO *da un bufido frenético.*)

—Es mejor que se la regalemos.

—Sí, querido, pertenece a tus objetos personales.

—¿Y no es su esposa?

—No hay objeto más personal que una esposa.

—Pues yo quiero una máquina de pedir perfeccionada para mí solito.

—Y yo.

—Y yo.

(*Levantan la alfombra y, en vez de los muertos, aparece la parte final de la cadena de producción de las máquinas de pedir perfeccionadas. Sale una máquina para cada uno, pero uno se queda con dos y no cesa la lucha hasta que el reparto queda hecho equitativamente. Se quedan al lado de las máquinas, como si fuesen armas o las colocan apoyadas en grupos de tres.*)

MÁQUINA.

Os ordeno que seáis buenísimos.

(*Todos levantan la mano y juran.*)

INVITADOS.

Si la máquina de pedir perfeccionada satisface nuestros instintos, no tenemos inconveniente.

125

MÁQUINA.

Os ordeno que les obedezcáis ciegamente. Lo demás se os dará por añadidura.

INVITADOS.

—¿Y podemos decir por ahí que somos ricos?

—No, de ningún modo.

—Somos los nuevos necesitados.

—¡Cómo cambian los tiempos! Quién iba a decir que llegaríamos a tanto.

—¿Y cómo distribuir la producción de máquinas de pedir perfeccionadas?

—A cada cual según sus necesidades.

—Eso es: una máquina para cada rico necesitado.

—¿Rico? ¡Qué asco! Eso pertenece al pasado. Ahora somos todos iguales.

(Tratan de devolverse unos a otros los objetos que antes robaron. Nadie se los queda, pues despiertan recuerdos vergonzosos. Suena una sirena.)

—La hora del trabajo.

(Dan besos a sus máquinas y las despiden en las pantallas.)

—Adiós mi amor.

—¡Que te rinda el día!

—¡Y la noche!

—¿Cómo será la cosecha?

—Llueva o no, será espléndida. La técnica todo lo supera.

(Se tumban a descansar.)

—Podíamos organizar una fiestecita.

—¿Nos dejarán nuestras queridas maquinitas?

—Ahora no están.

Ya sabéis que no nos consienten el menor desliz.

—Pues hagamos una fiesta en honor de ellas.

—¡Divertirnos sin pecar, qué prodigio!

—Gracias a la máquina de pedir perfeccionada, qué fácil es ser bueno.

—Ni siquiera nos robamos.

—La máquina es una santa: todo lo hace por nosotros.

—¡A divertirnos! Y en su honor, vistámonos de pobres.

(Se visten de pobres. Entran los ENANOS *con dos policías muertos.)*

—¡Fuera, fuera esos cesantes!

—Ya no son útiles a la sociedad.

Los ENANOS *van a dejar fuera a los policías.)*

—El mundo ha encontrado el centro de la felicidad.

(Entran los ENANOS, *le colocan al* PULPO *el sostén de los deseos, lo instalan en el dique seco y comienza a dar a luz petroleros. Los* ENANOS *se llevan la máquina de la hornacina, la tumban en la hamaca y hacen música. Sus uñas sueñan como delirantes guitarras eléctricas. Los invitados se contagian de su ritmo. Uno trata de poner en marcha la producción de máquinas, pero los otros se le echan encima.)*

—¡Bruto! No destruyas el equilibrio social.

—¡Bailemos, bailemos!

—¿Nos dejarán bailar nuestras queridas maquinitas?

—Si somos buenos, sí.

—Somos buenos, buenos, buenos...

—Como del cielo, al fin, obras maestras.

(Bailan cada vez de modo más frenético y cantan sobre la música que hacen los ENANOS.)*

> Vestidos de pobres
> nos quiere la moda.
> ¡Somos tan felices!
> ¡La máquina es loca!

TELÓN

Los mendigos

Personajes:

EL MANCO DE LEPANTO.
MENDIGO JOVEN.
MENDIGO INVÁLIDO.
MENDIGA.
MENDIGO ANCIANO.
EL LEOPARDO.
LA JIRAFA.
EL LAGARTO.
LA CEBRA.
EL EXPERTO.
EL ASNO.
EL PERRO.
EL CUERVO.
EL LORO.
EL ARTISTA.
LOS AUTÓMATAS.

Una plaza antigua. Adheridos a sus muros, formando parte del monumental conjunto, se extiende un friso de mendigos, colocados en actitudes pedigüeñas. Entre ellos se encuentra EL MANCO DE LEPANTO. Penumbra roja de amanecer. Focos azules y verdes dibujan fragmentos de algunos mendigos, describiendo sus aspectos más caracterizados: barbas y greñas, manos y pies desnudos. Un foco golpea los ojos de un ciego. Sobre el cuello blanco del MANCO DE LEPANTO, se detiene un instante la luz. Luego aumenta la iluminación, viéndose ya todo el conjunto, sin llegar al pleno amanecer. Una música lejana, la que se oirá en «La canción de los mendigos», suena evocadora desde que se apaga la sala hasta el momento en que algunos mendigos se desprenden del friso y, ya a plena luz, comienza la acción.

VOZ DEL FRISO DE MENDIGOS.

Sobre nuestras espaldas, sobre los huesos de nuestros antepasados, sobre los cadáveres de nuestros hijos famélicos, los siglos han levantado estos soberbios edificios. Nuestros padres han nacido al pie de estos templos y en el mismo lugar moriremos nosotros y, antes que nosotros, ante nuestra impotencia, se están muriendo nuestros hijos. A pesar de habitar hace ya tantos siglos en este solar tan familiar para nosotros, todavía hay muchas cosas que no alcanzamos a comprender. Es posible que la culpable de todo sea nuestra supina ignorancia.

Lo cierto es que existen palabras malditas, palabras que cada vez que las pronunciamos a coro, iracunda se precipita la muerte sobre la intemperie de nuestros hogares. Y ahora que estamos delante de vosotros, y que generosamente habéis comprendido nuestro mísero estado, os diremos cuál es entre las palabras malditas la más terrible de todas: pan, pan es la palabra. ¿Oísteis bien? No la volveremos a repetir, ya que siempre que la pronunciamos a coro, desde estas cúpulas que se yerguen a nuestras espaldas, se descarga una tempestad de plomo y azufre hirviendo. No sabemos si alguien nos gobierna. Nunca lo hemos sabido. Hasta nosotros sólo han llegado los cepos y las fosas comunes. Pero nuestra ignorancia es tan supina, que no hemos sabido atisbar si tras esos instrumentos populares del orden se oculta alguna sutilísima forma de gobierno. Hemos hecho lo increíble por salir de nuestra ignorancia. Muy poco hemos logrado. En busca de remedio a nuestros males, acudimos a los extranjeros que nos visitan, poniendo ante sus ojos nuestra verdad desnuda. Y siempre sucede igual. En una lengua extraña nos responden: «Okey!, okey!» Sobre la marcha nos hacen una fotografía y parten corriendo a vendérsela a una revista de tiraje internacional. Esta es otra cosa que tampoco hemos llegado a comprender. *(Pausa.)* Ya golpea sobre la espalda de la noche la aurora victoriosa. Comienza un nuevo día. Pero antes de que se abra ante vosotros el espectáculo del mundo, veréis algo que os resultará increíble, que tal vez os parecerá un fantasma, como nosotros creíamos al principio. Luego comprendimos que era un ser de nuestra estirpe, que, aunque ilustre, era un mendigo como nosotros. Sus compañeros le llamamos el Manco de Lepanto, por haber perdido el brazo izquierdo en aquella gloriosa batalla de la cristiandad. Todos los días su palabra antigua nos anuncia el amanecer. Se levanta, pasea calmoso y, con voz de esperanza, evoca mansamente un puñado de palabras incomprensibles. Luego se sienta y se queda mirando la multitud de certámenes y banquetes que el mundo celebra en honor suyo, a los que jamás es invitado. Y para que veáis que no estamos representando una farsa, comprobad vosotros mismos cuanto hemos dicho. ¡Silencio!

EL MANCO DE LEPANTO. *(Desde un ángulo.)*
«Dichosa edad y siglos dichosos aquellos a quien los antiguos pusieron el nombre de dorados, y no porque en ellos el oro, que en esta nuestra edad de hierro tanto se estima, se alcanzase en aquella venturosa sin fatiga alguna, sino porque los que entonces vivían ignoraban estas dos palabras de *tuyo y mío.*»
(Vuelve a su lugar.)

MENDIGO JOVEN. *(Saliendo del friso. Plena luz.)*
¡Piedad por este desgraciado, al que una bomba le quemó los ojos. ¡Piedad por este desdichado, para quien el mundo no es más que una tiniebla! ¡Oh, sombras del mundo, piedad!

MENDIGO INVÁLIDO. *(Arrastrándose hasta destacarse.)*
¡Dios quiera que pase por aquí muchas veces! *(Cambiando de voz.)* ¡Dios quiera que pase con la bolsa en gracia de Dios!

MENDIGA. *(Extendiendo una arpillera que usaba de chal.)*
Sobre esta arpillera, ¡oh, pecador!, está tu salvación. Sobre esta arpillera, ¡ay de mí!, no está el pan de mis hijos.

MENDIGO ANCIANO. *(Avanzando apoyado en un palo.)*
Decidme, ¿dónde está la justicia? ¿Quién escondió la llave del granero?

MENDIGO JOVEN.

¡Piedad por este desgraciado, al que una bomba le quemó los ojos! ¡Piedad por este desdichado, para quien el mundo no es más que una tiniebla! ¡Oh, sombras del mundo, piedad!

MENDIGO INVÁLIDO.

¡Dios quiera que pase por aquí muchas veces! *(Cambiando la voz.)* ¡Dios quiera que pase con la bolsa en gracia de Dios!

MENDIGA.

Sobre la arpillera, ¡oh pecador!, está tu salvación. Sobre esta arpillera, ¡ay de mí!, no está el pan de mis hijos.

MENDIGO ANCIANO.

Decidme, ¿dónde está la justicia? ¿Quién escondió la llave del granero?
(Entra una pareja de turistas, cargados con equipo de viaje. Él viste de leopardo; ella, de jirafa. Rumian chicle.)

EL LEOPARDO. *(Haciendo fotografías.)*
¡Okey, okey!

LA JIRAFA.
¡Okey! ¡Mendigos, mendigos!

EL LEOPARDO.
¿Mendigos? Entonces hemos llegado a puerto.
(Se descargan de parte del equipaje y siguen haciendo fotos.)

MENDIGO JOVEN.
¡Piedad por este desgraciado, al que una bomba le quemó los ojos!...

EL LEOPARDO.
¡Okey! ¿Cómo está, míster Atomic?
(*Le agita una mano al ciego.*)

LA JIRAFA.
¡Cómo! ¿Míster Atomic?

EL LEOPARDO.
¡Yes!

MENDIGO JOVEN.
¡Piedad por este desdichado, para quien el mundo no es más que una tiniebla!...

EL LEOPARDO.
¡Sensacional! Reportaje de primera plana a la vista.

MENDIGO JOVEN.
¡Oh, sombras del mundo, piedad!

EL LEOPARDO. (*Dirigiéndose a la esposa, ya en actitud de secretaria.*)
Sin perder una sola palabra, anota todo cuanto vomite este cristiano. ¡Aló!, míster Atomic, voy a hacerle una interviú estrictamente confidencial. Será el asombro del mundo libre, país extraño, donde las peores noticias resultan siempre las mejores. Y volviendo a la carga, míster Atomic, ¿cómo prefiere usted el jamón, ausente o presente?

MENDIGO ANCIANO. (*Imponiéndose un instante.*)
Decidme, ¿dónde está la justicia? ¿Quién escondió la llave del granero?

EL LEOPARDO.
¡Ay, querida! ¿En qué lugar nos habremos metido? Esto me huele a chamusquina.

MENDIGO JOVEN.

¡Piedad por este pobre desgraciado al que una bomba!...

EL LEOPARDO.

¿Una bomba? ¿Una bomba qué?

MENDIGO JOVEN.

Se desplomó del cielo. No me dio tiempo de averiguar su apellido.

EL LEOPARDO.

En un reportaje estrictamente confidencial hay que perder el pudor y dar pelos y señales. ¿Me comprende bien? ¿No ve que lo que me está diciendo le ha ocurrido a tanta gente que ya es una vulgaridad? ¿No ve usted?...

MENDIGO JOVEN.

Yo no veo nada. ¿No le dije que una bomba me abrasó los ojos?

EL LEOPARDO.

Eso no tiene interés periodístico. Y dígame, ¿fue una bomba atomic? Responda concretamente.

MENDIGO JOVEN.

¡Fue una bomba hija de puta!

LA JIRAFA.

¡Uh! ¡Desfallezco! ¡Socorro! ¡Las sales!
(Hace aspavientos.)

EL LEOPARDO.

¡Bárbaro! Has insultado la esencia. ¡Horror! Un enemigo de la civilización.
(Salen corriendo. Vuelven a entrar, hacen una foto y se van.)

MENDIGO INVÁLIDO.

¡Dios quiera que pase por aquí muchas veces! *(Cambiando.)* ¡Dios quiera que pase con la bolsa en gracia de Dios!

(Cambiando y hablando con desgana, entran EL LAGARTO *y* LA CEBRA.*)*

EL LAGARTO.

¡Okey, okey!

LA CEBRA.

¡Okey!

MENDIGA.

Sobre esta arpillera, ¡oh pecador!, está tu salvación. Sobre esta arpillera, ¡ay de mí!, no está el pan de mis hijos.

LA CEBRA.

Yes, ¿qué producto vende esta firma?

MENDIGA.

Sobre esta arpillera, ¡oh pecador!, está tu salvación...

EL LAGARTO.

¿Mi salvación ha dicho? Pues yo no la veo por ninguna parte.

MENDIGA.

Sobre esta arpillera, ¡ay de mí!, no está el pan de mis hijos.

EL LAGARTO.

¡Oh, yes! Vende el hambre de sus hijos.

LA CEBRA.

¿El apetito de sus hijos? ¡Okey! Por favor, señora, véndame un kilito del hambre de sus hijos. ¡Los míos la necesitan tanto! Compadézcase de mis desganados hijitos, siempre sin apetito. ¡Son tan desganados! Sea generosa. Mis niñitos tienen derecho a tener tanta hambre como los de cualquiera.

EL LAGARTO.
Ahí va. Sírvanos diez dólares del mejor apetito.

MENDIGA. *(Devolviendo el dinero.)*
Yo quiero pan, pan para mis hijos.

LA CEBRA.
¿Es que mis hijos no tienen derecho a tener hambre?

MENDIGO ANCIANO. *(Imponiéndose.)*
¿Quién escondió la llave del granero?

LA CEBRA.
¡Horror!

EL LAGARTO.
¿Pero en qué cueva nos habremos metido? ¡Huyamos!
(Salen y vuelven a entrar para hacer una foto y se van aterrados. Entra EL EXPERTO. Usa gafas y lleva un pico a la espalda. Viste de un modo anticuado. Su traje y su sombrero negro, llenos de polvo, le dan pátina de pieza de museo. Camina curioseándolo todo.)

EL EXPERTO.
Yo soy un experto, amante de la belleza y voy a profundizar a la caverna del mundo libre. Necesito respirar a pleno pulmón su aire libre de libertad.

MENDIGO INVÁLIDO.
Pues yo afirmo que no hay aire más libre que el

de mis tripas. ¡Con decirle que pienso morirme de huracán intestinal!

EL EXPERTO.
Hablo del aire libre occidental.

MENDIGO INVÁLIDO.
Del que soy el mejor cliente. Es tanto el que tengo aquí metido *(señala el buche)*, que bien podría soplar a dos carrillos la estatua de la Libertad. *(Trata de incorporarse para imitarla.)* También a mí me falla el pedestal.

EL EXPERTO.
¡Good bye! Me voy a las cavernas del mundo libre.

MENDIGO INVÁLIDO.
Nada hay más libre que mis tripas. Soy un esclavo de su libertad. ¿No quiere creerme? Aunque vacía, mi verdad es palpable. Toque, toque y verá. No tema. También esto tiene su arqueología. *(Venciendo el miedo, le palmotea y suena a hueco. EL EXPERTO se asusta.)* Calma, amigo, no se asuste. ¿Qué importa que suene a hueco? Así suenan hoy muchas cosas.

EL EXPERTO. *(Asombrado.)*
¡Pero si eso es el vacío!

MENDIGO INVÁLIDO.
Se dice mundo libre, míster.

EL EXPERTO.
¿Y no es libertinaje tanta libertad?

MENDIGO INVÁLIDO.
Hay quienes dicen que es poco y se matan por procurarnos más.

EL EXPERTO. *(Saliendo de su asombro.)*
¡Eso sería el caos!

MENDIGO INVÁLIDO.
¿El caos? Ahora mismo sabrás lo que es eso.
Prepárate a emprender un largo viaje. Respirarás
el aire libre de mis tripas. Así te hartarás del mundo
libre y yo me hincharé de carne por una vez en la
historia. ¡Adentro! Abre el paracaídas y ¡buen viaje!
(Se dispone a tragarlo.)

EL EXPERTO.
¡Horror, pies, ¿para qué os quiero?, que me devora
el mundo libre!
*(Sale corriendo y vuelve a entrar para hacer una
fotografía.)*
Pero hagamos antes una buena placa que podamos
vender para reponernos de susto tan atroz.
(Sale precipitadamente.)

MENDIGO ANCIANO. *(Después de acercarse al* MENDIGO
INVÁLIDO.)*
Y si la tierra da sus frutos para todos, ¿quién
escondió la llave del granero? ¿Quién sabe responder?
Y si el hombre es el artífice de su destino, ¿qué bestia
infernal engendró el nuestro?

MENDIGO INVÁLIDO.
¿Acabarás alguna vez de preguntar?

MENDIGO ANCIANO.
Una pregunta es siempre el revés de una respuesta.

MENDIGO INVÁLIDO.
De vivir al revés ya estamos hartos. Dime, ¿es el
mundo o somos nosotros lo que está patas arriba?

MENDIGO ANCIANO.
¡Ajá! Veo que ahora eres tú quien pregunta.

139

Mendigo Inválido.
Somos todos: los hijos del hambre.

Mendigo Anciano. *(Evocador.)*
Y de la esperanza, nuestra madre.

Mendigo Inválido.
Entonces el remedio sería quedar huérfanos.

Mendigo Anciano *(Comienza la música.)*
El remedio… Escucha esa canción.
(Se agrupan despacio y cantan, reforzando con gestos expresivos el sentido de la canción.)

LA CANCIÓN DE LOS MENDIGOS

Si generosa
la madre tierra
por nuestro esfuerzo
sus frutos da
¿por qué a la hora
de la comida
nos sobran dientes
y falta pan?
Quien esta cuenta
sencilla y clara
con su sesera
aprenda a echar
verá muy claro
que en este juego
alguien se queda
con nuestro pan.
Nadie la llave
del gran granero
en su bolsillo
puede guardar.
Si es nuestro el surco
nuestro es el fruto:
¡nadie se quede
con nuestro pan!

(Despacio, los mendigos pasan a segundo plano. Entran bajo palio, llevado por sí mismas, las fuerzas vivas. Cuelga un letrero: «Fuerzas vivas del imperio». EL CUERVO, gordísimo, camina con dificultad. Cubre su negrura con amplio manto rojo. EL PERRO viste uniforme de general, botas de tubo y espuelas de oro. En su derecha lleva una fusta, batuta de cuanto dice. En su aspecto se registran varias averías guerreras. EL ASNO viste impecable chaquet, sombrero de copa y guante blanco de medio brazo. Maneja con suprema cursilería un bastón de caña india, propio de su alta jerarquía. Los tres hablan en tono ampuloso.)

EL ASNO. *(Fisgando.)*
Nada por aquí, nada por allá, nada por acullá; nada por ninguna parte. Nuestros queridos turistas se han ido sin dejar ni las sobras. ¿Por qué se habrán ido? ¿Qué pulga les habrá picado?

EL PERRO. *(Ofendido.)*
Ése no es motivo para huir. También a mí me pican y me aguanto. Además, en nuestra patria está garantizada la libertad de rascarse. *(Servicial.)* Y en caso de tener pulgas, pudieron dar la alarma y yo mismo les hubiera rascado unos dólares.

EL CUERVO. *(Generoso.)*
Serenidad y fe, ilustres caballeros. Con el Rosario de la Aurora, que ya he decretado para mañana, pondremos fin a todos nuestros males.

EL ASNO.
El caso es que nuestros turistas se fueron, paralizando totalmente nuestra industria fundamental y única del turismo y sus derivados, el ordeñe del fandango.

EL CUERVO. *(Profético.)*
Todo terminará con el Rosario de la Aurora.

EL ASNO. *(Pesimista.)*

Los altos hornos del turismo han dejado de echar humo. Nuestros nunca bien llorados turistas no se olvidaron de nada: se llevaron hasta la ropa sucia. Nuestras arcas guardan el oro en paño de la más solemne oquedad. En resumidas cuentas: nuestra economía está por los suelos.

EL PERRO. *(Alarmado.)*

¿Economía, dices? ¿De dónde habrás rascado esa palabreja estúpida?

EL ASNO. *(Simple.)*

Se la oí, por casualidad, a un turista. Jamás comprendí su significado.

EL PERRO.

¡Como que no lo tiene! ¿Digo bien, ilustrísima?

EL CUERVO.

Esa palabreja hereje y masónica la hemos condenado a la hoguera.

EL PERRO.

¡Oh, la higiene del fuego! Y tú no vuelvas a usar palabrotas del otro mundo.

EL CUERVO. *(Fúnebre.)*

Que en paz descansen.

EL ASNO.

Perdón, ilustrísima.

EL CUERVO.

Perdonado eres, que en algo he de hacer inversiones de tal mercancía.

EL ASNO.

El caso es que, guiado por un desinteresado afán de servir a la patria, interpreto que en estos momentos críticos, como cebo que provoque el retorno a la normalidad turística, debemos tomar alguna drástica medida.

EL PERRO.

¡A mí nadie me mide nada!
(Como si estuviese probando el uniforme, con aire coquetón.) En política, yo no admito otras medidas que las del sastre.

EL CUERVO. *(Rutinario.)*

Todo terminará con el Rosario de la Aurora.

EL ASNO. *(Mirando a lo lejos.)*

¡Al instante tendremos información oficiosa! Vuela hacia aquí nuestro dinámico ministro de Propaganda. Él sabrá con pelos y señales por qué se ha congelado nuestra industria fundamental y única.
(Llega EL LORO, muy fatigado. Viste color verde. Trae una cartera ministerial llena de prensa extranjera. Despliega los periódicos, en que se ven fotos a toda plana de los mendigos más caracterizados.)

EL LORO. *(Servil.)*

¿Habéis leído la prensa extranjera?

EL PERRO: *(Nacionalista.)*

No usamos lenguas extrañas, sólo gastamos dólares ajenos.

EL ASNO. *(Sincero.)*

De los extranjeros, sólo comprendemos sus cortes de manga.

EL LORO.

¿Véis estas fotografías?

143

EL ASNO.

¿Qué tienen de particular? Un derivado de nuestra industria. ¿Qué otro país puede enorgullecerse de producir los mejores mendigos de la Tierra? Sin trampa ni cartón: aquí los mendigos son mendigos de verdad.

EL PERRO.

¡Cierto! ¡Qué hidalguía la de este manco!

EL LORO.

Pues bien, excelencias. La prensa extranjera dice que a los turistas les encanta nuestro pintoresco y brillante país, maravillándoles particularmente nuestro original sistema solar y las bandadas de moscas y mosquitos, que casi lo nublan durante algunas estaciones del año. Dicen que es un espectáculo único en el mundo.

EL PERRO. *(Satisfecho.)*

Todo lo nuestro es único.

EL LORO.

Y por si todo fuese poco, los turistas se caen de espaldas al conocer nuestra brava historia *(EL PERRO da un taconazo)*, admirándose sobremanera por nuestra participación armada en el Diluvio Universal.

EL CUERVO.

Del que hemos sido los promotores.

EL LORO.

Pasemos ahora al libro de quejas. Manifiestan que nuestros ciudadanos, los pintorescos mendigos, se han tornado muy insolentes. Que fotografiarlos entraña un serio peligro. Que son unos barbarotes que viven de espaldas a un pasado monumental que les rodea, sin otra inquietud que reclamar pan, como si fuesen niños de teta. Hablando mal y pronto: que han dejado de ser folklore para convertirse en elementos disolventes.

EL PERRO.
¡Qué vergüenza! ¿Eso dicen de nuestra noble raza?

EL CUERVO.
¿Eso dicen de nuestra espiritualidad?

EL ASNO.
¿Eso dicen de nuestra antiquísima sabiduría?

EL LORO.
Eso dicen. Nuestros ciudadanos molestan a los distinguidos extranjeros que nos visitan. Y yo pregunto, ¿qué se hizo de nuestra nunca bien alabada hospitalidad?

EL PERRO.
¿Dónde estará metida?

EL LORO.
Mientras no salvemos esas dificultades no tendremos turistas, ni estabilidad, ni salud económica.

EL ASNO.
¿También tú con esa palabreja?

EL CUERVO.
Esa palabreja hereje y masónica ha sido condenada a la hoguera.

EL PERRO.
Nosotros no tenemos ni tuvimos jamás economía, ¿entendido?

EL LORO.
Es cierto. Jamás hemos tenido tal cosa.

EL PERRO.

Se me acaba de revelar que bajo el amparo del Rosario de la Aurora debemos tomar una decisión.

TODOS.

Sea.

EL PERRO.

Nuestra famosa hospitalidad ha sido ultrajada. La voluntad de imperio de nuestra gran patria debe eliminar de raíz a los causantes de la ofensa, los molestos mendigos. Si obramos con energía, demostraremos al mundo que, una vez más, el espíritu universal de nuestro imperio volvió a hacer una de las suyas, tornando en numantinos a todos sus ciudadanos.

TODOS.

¡Muy bien! De nuevo nos cubriremos de gloria, ya que otra manta no tenemos.

EL PERRO.

Y di, ministro, ¿dónde se ocultan nuestros agresivos ciudadanos? ¿Qué fortines y puntos estratégicos dominan?

EL LORO. *(Señalando al grupo de mendigos en ademán acusador.)*
He ahí el cuerpo del delito.

EL PERRO.

¡Cómo! ¿Esos son? Espántense mis ojos, es la primera vez que los veo.

EL ASNO.

¿Estás seguro que son ésos, ministro?

EL LORO.

Eso afirman los extranjeros. Y si ellos lo dicen...

EL PERRO.
¿Qué opina vuestra ilustrísima?

EL CUERVO.
Mi reino no es de esa parroquia.

EL PERRO.
Pues para que no haya dudas sobre nuestro sacrosanto amor a la humanidad, prohibiremos terminantemente la mendicidad, que es tanto como proscribir los nacimientos y los bautizos en todo el territorio de la patria y en sus colonias habidas o por haber, para que los turistas gocen a sus anchas de nuestro peculiar sistema solar.

EL CUERVO.
¡Protesto! Bien está proscribir los nacimientos, evitando así muchos delitos, pero no me place la proscripción de los bautizos.

EL ASNO.
Distributiva advertencia.

EL LORO. *(Carraspeando.)*
Señores: sin duda alguna estamos viviendo una jornada histórica, la más notable desde la época de las cavernas, no ha mucho tiempo. La prohibición de la mendicidad no solamente atraerá de nuevo a los ansiados turistas, sino que será un ejemplo a seguir por el decadente mundo capitalista, corroído por los ácidos de la ya superada lucha de clases, inexistente entre nosotros. Y para demostrarlo, aquí estamos unidos seres de distintos pelos y plumajes, perfectamente acordes en cuanto a la industria del turismo y el ordeñe del fandango. Esta es la sólida base de nuestra justicia social.

147

EL PERRO. *(Interrumpiéndole.)*

¡Cállate, charlatán! ¿No recuerdas que para evitar toda injusticia hemos eliminado hasta el rastro de la justicia?

EL LORO.

¡Cruel amnesia! Está visto que el hombre es un bicho rutinario. Descargo en favor mío que los fundamentos novísimos de una democracia orgánica, intestinal y profundamente gástrica como es la nuestra, no se digieren en tres días, aunque ya pase de los trescientos años que comenzamos nuestra magna obra. Desde hoy en adelante, si quiero continuar al frente del Ministerio de Propaganda, prometo que cuanto me entre por un oído me saldrá exactamente por el otro.

EL PERRO.

¡Vuela, ministro, manos a la obra! Redimamos de un plumazo a los bien venidos turistas.

EL LORO.

Prepararemos un gran acto público, invitando a gobernantes de otros imperios, vasallos turísticos nuestros, para que se mueran de envidia (dado lo mucho que nos han calumniado) al ver cómo inauguramos el higiénico decreto que prohíbe la mendicidad.

EL ASNO.

¡Qué alegría! Volverán de nuevo los turistas y la industria pesada del fandango volverá a echar humo por los cuatro costados.

EL PERRO.

Marchemos inmediatamente a fabricar ese decreto.

El Cuervo.

Somos el glorioso país del Rosario de la Aurora,
con voluntad de imperio, liberados de la materialista
voluntad de trabajar.

*(Salen lentamente, marcando un ritmo de procesión
con las varas del palio. Cae la noche y los mendigos
se duermen. Sonámbulo, el* Mendigo Joven *toma la
guitarra y entona o recita sobre fondo musical)*

ROMANCE DE LOS MENDIGOS

Lluvia de plomo y de azufre,
borrasca de asesinados.

Amaneceres desnudos,
noches de miedos helados.
Corazones que despiertan
sin posada en ningún lado.

Mendigos, pobres del mundo,
andariegos solitarios,
para vosotros el cielo
es constelación del llanto.

(Suena como una alarma en la media noche.)

Corazón de media noche
el silencio vigilado,
como un azote cabalga
tu dulce sueño confiado.

¿Sueñas un mundo florido
de trigales y ganados?
El despertar será el frío
del acero en ti clavado.

Lluvia de plomo y de azufre,
borrasca de asesinados.

(MENDIGO JOVEN *vuelve a su lugar y continúa dur-*
miendo. Lentamente amanece. Entra EL LORO *con*
un micrófono. Los mendigos despiertan, observan cu-
riosos y hacen comentarios. Luego entra EL ARTISTA
vestido de anticuario. Es flaco, con tiesura de momia
y cara de pergamino amarillo. De la boca le cuelga
un candado.)

EL LORO. *(Probando el micrófono.)*
¡Olé, olé, olé! Perfecto. ¡Atención, atención! Aquí
Radio Pi, 3, 14, 16, voz oficial del gran imperio del
Rosario de la Aurora, democracia orgánica, intestinal y gástrica. ¡Atención! Acuéstese el mundo,
póngase cómodo, si no quiere caerse de espaldas
ante los hechos consumados que vamos a transmitir.
Nuestra legislación social, la más avanzada de la
era cristiana, mucho antes de Cristo, dará a la humanidad un nuevo susto al suprimir de golpe y porrazo
la mendicidad. ¡Atención! Aquí Radio Pi, 3, 14, 16,
transmitiendo para un mundo ya caído de espaldas.
A pasito ganso se aproxima a este recinto, convertido
hoy en ombligo del universo, el famosísimo académico
e ilustre artista del imperio, excelentísimo señor
don Lirio, quien grabará sobre los muros de la patria
las aladas palabras que nos liberarán de la humilla-
ción extranjera, extirpando, por fabricado secreto, al
gremio de los mendigos, que tanto venían jorobando
a nuestros dolarizantes turistas. Con tal limpieza,
una vez más, se pone de manifiesto nuestro desco-
munal amor al prójimo, haciendo de cada uno de
nuestros ciudadanos un glorioso e inmortal numantino, en aras de ideales superiores, eternos e inmuta-
bles. El ilustre artista, don Lirio, genio de la raza,
vive enroscado en el alambique de su mundo interior, ocupadísimo en destilar las más dóciles expre-
siones del arte sacristánico, famoso en sepulcros.
Pero antes que el ilustre artista se deje poseer por
su musa, preguntémosle al genial artista del imperio

cuál es el alimento que sustenta tan sutil esqueleto, jaula de su maravilloso espíritu. Y díganos, ilustre artista, ¿qué come vuestra merced?

(EL ARTISTA *hace suaves aspavientos líricos.*)

¡Asombroso, asombroso! El fabuloso artista no come: ¡comulga! El prestigioso ascetismo de la raza está salvado. Y ahora, ¡oh genio!, a redimir a los turistas.

(EL ARTISTA, *después de acariciar el candado, como cerrojo propio, se dirige al muro principal del recinto, ocultándose entre un lienzo y la pared, donde se rendirá a su musa.*)

¡Atención! Transmite Radio Pi, 3, 14, 16, desde el ombligo del mundo. Dentro de breves momentos se acabará «per secula seculorum» la mendicidad en el gran imperio del Rosario de la Aurora. En este preciso instante, la autoridad competente comienza a tomar las más elementales medidas de precaución, encaminadas a mantener el orden.

(*Entran las fuerzas del orden,* LOS AUTÓMATAS. *Son figuras sin rostro ni cabeza, compuestas por dos personas unidas por la espalda y enfundadas en su sayón color caqui. Cada una lleva un fusil, con bayoneta calada, apuntando a lados opuestos. Usan botas con ruidosas espuelas y herrajes. La insignia de tal uniforme es el Tres de Bastos, de gran tamaño, estampado por delante y por atrás, con los mismos colores que suele tener en la baraja. Caminan en ambas direcciones, girando en ángulo recto. Después de marcar el paso durante unos segundos, apuntan maquinalmente hacia los mendigos, quienes se pliegan medrosos contra las paredes. Otros aciertan a huir. Las fuerzas del orden disparan: una parte de la máquina contra los mendigos, la otra al aire. Los mendigos mueren silenciosamente. Mientras tanto,* EL LORO, *asustado, mete la cabeza entre las piernas. Salen las fuerzas del orden. Al disiparse el humo, aparece en el centro de la escena un gran escobón con el letrero:* «Cuidado conmigo: ¡SOY EL ORDEN!» EL LORO *mira con recelo a su alrededor. Al ver a los mendigos muertos, se envalentona.)*

¡Eh, baluartes de la patria! Os habéis olvidado de limpiar la basura. ¿Qué clase de disciplina es la vuestra? No dejéis ni una mota así *(señala)* de desorden.

(Los AUTÓMATAS vuelven a entrar, toman el escobón y barren los cadáveres de los mendigos. Al pasar el escobón por las paredes, destrozan algunas estatuas, que caen ruidosamente al suelo.)

¿Qué ruido es ése?

(Mira y luego respira hondo.)

¡Ah! No gana uno para sustos. Creí que era el desorden.

(Los AUTÓMATAS se retiran.)

¡Bravos soldaditos de plomo, puntales del mundo libre! ¡Honor y gloria! ¡Atención, atención! Aquí Pi, 3, 14, 16, desde el ombligo del mundo. Ha llegado el momento de la dicha. En este instante entran en el recinto las providenciales jerarquías de nuestra gran democracia orgánica, intestinal y gástrica.

(El ARTISTA sale de debajo del lienzo.)

El glorioso artista don Lirio se incorpora a la comitiva.

(A ritmo de procesión entran bajo palio, llevado por ellos mismos, El CUERVO, El PERRO y El ASNO. Arriman el palio al muro y se aplauden.)

La multitud ha recibido con una salva de aplausos a las genitales autoridades que han tenido la higiénica ocurrencia de liberar a nuestros bien venidos turistas de los apestados mendigos, atando la gran patria del Rosario de la Auroa al concierto de las naciones libres, donde la libertad de rascarse constituye un derecho intransferible.

(Se rascan todos.)

Y ahora, después de tan libre albedrío, escuchemos

dignamente los acordes del himno nacional.
(Música, y cantan en tono de argía.)

> Comamos, bebamos,
> pongámonos gordos
> y cuando nos llamen,
> ¡chitón!,
> volvámonos sordos.

Aquí Radio Pi, 3, 14, 16. Después de haber entonado fervorosamente el himno patrio, nuestra única autoridad espiritual consagrará el monumento redentor.

EL CUERVO.
Yo te bendigo por los cuatro costados en nombre de los que padecemos buenas digestiones y sálvese quien pueda.

TODOS. *(Cantando.)*
Amén.

EL LORO.
Continuando la extraordinaria jornada de la redención del turismo, piedra angular de nuestra industria pesada, el heroico general Dogo-Dogo, comandante único del ejército de nuestro invencible imperio, arengará a nuestros vasallos, los turistas de la parte descubierta del globo terráqueo. Con el mundo, el general Dogo-Dogo.

EL PERRO.
Queridísimos turistas extranjeros: Sé, por antonomasia, que a través del éter misterioso me estaréis escuchando. ¡No sabéis cuánto os amamos! Por vuestro amor hicimos de cada molestísimo ciudadano un glorioso numantino, muralla de Escipiones, trompetas de la fama. Con el corazón dolarizado, suprimimos de golpe y porrazo la oprobiosa mendicidad

153

que tanto os joroba, que si en verdad era pinto-
resca y folklórica, tampoco es mentira que resultaba
grosera y maloliente. Pero todos han sido barridos
como Dios manda. ¡Volved! Nadie osará molestaros.
Os juro por mi honor, por el honor de un soldado
que ha dado a su patria un kilo de pulmón, tres ri-
ñones y todo su salvajismo, que podéis retornar
felices y confiados al gram imperio del fandango y
del Rosario de la Aurora, donde por escasos dólares
nos tendréis a todos boca abajo. ¡Bien venidos,
queridos turistas! La patria está salvada. Las fuerzas
mendigas han sido aniquiladas. Nuestro glorioso
ejército automático garantiza la no resurrección de
muertos. Os lo jura el general Dogo-Dogo.
(Aplausos.)

El Loro.

Poniendo broche de oro a este acontecimiento
histórico, la palabra ciceroniana de nuestra única
autoridad civil hará uso de los adjetivos.

El Perro.

No vayas a meter la pata. Si no se te ocurre nada,
da coces, que las coces nunca llegan al cielo.

El Cuervo.

Hijo mío, mucho tiento con las palabras herejes
y masónicas que no existen.

El Asno.

Caballeros: ¿Hasta cuándo la mendicidad iba a
abusar de nuestra paciencia? ¿Cuándo dejaríamos de
ser juguetes de su desenfrenada gritería? ¡Oh tiempos!
¡Oh costumbres! El mundo tiene conocimiento de
lo que pasa y los turistas lo están viendo. Y sin
embargo..., no tenemos un dólar. ¿Qué digo un
dólar? Hemos acabado de golpe y porrazo con la
mendicidad, proclamando ante el mundo su exter-
minio, y los ojos escrutadores de los turistas siguen

mirándonos desconfiados desde el extranjero. ¿Qué significa todo esto? Pues lisa y llanamente significa que cuanto más uno se baja, más el traste se le ve. Con la escasez de turistas, materia prima de nuestra industria pesada, las fábricas del fandango no echan humo, descoyuntándose de risa nuestra economía...

EL CUERVO.
¡Maldito hereje! ¿Economía ha dicho?

EL PERRO.
¡Animal! Si nosotros jamás hemos tenido economía.

EL ASNO. *(Impasible.)*
...nuestra avanzada justicia social...

EL PERRO.
¡Rebuzna, bruto, que nos estás desprestigiando! Rebuzna o te doy un golpe de estado en la sesera.

EL ASNO.
...basada en el ordeñe de las clases mendigas...

EL PERRO.
¿Es que no digo nada? Mi honor no puede tolerar que se desprestigie impunemente al gran imperio del Rosario de la Aurora.

EL CUERVO.
Que él guíe tu brazo ejecutor.

EL PERRO.
Si no quieres rebuznar, majadero, te arrimo un golpe de estado. ¡Toma, traidor!
(Le golpea la nuca con la pistola. El orador se derrumba.)

EL CUERVO. *(Oficioso.)*
Yo te bendigo por los cuatro costados, obsequiándote con un tirito de gracia para que no te olvides

de mí, en nombre de los que seguimos padeciendo buenas pesadillas, y sálvese quien pueda. Amén.
(Le dispara en la oreja con la pistola del PERRO.)

EL LORO.

¡Oh, dolor! ¡Lágrimas mías!, ¿en dónde estáis que que no corréis a mares? Un hecho criminal acaba de ocurrir, cubriendo de negros crespones el cielo de la patria, en cuyo tejado jamás se pone el sol. ¡Oh, dolor! ¡Lágrimas mías! Una mano mendiga acaba de segar la vida preclara de nuestra única autoridad civil, elocuentísimo orador, fervoroso patricio y estadista a lo divino. A pesar de la rapidez con que la bala mendiga le perforó el vacío, tuvo la ejemplar serenidad de entregar su ánima a quien tiene la obligación de recogerla. Habiendo recibido los dones del Rosario de la Aurora, tomó el expreso para el otro barrio. Sus despojos, profundamente gemidos, han sido archivados en el mismo estante de otras ilustres momias.
(Con emoción rabiosa.)

Pero no crean los mendigos que este luctuoso hecho nos atemoriza. ¡Eso nunca! Desde hoy en adelante, un héroe más nos alienta desde los luceros. Proseguiremos nuestra magna obra, rindiendo así el mejor homenaje a su memoria.

EL PERRO.

¿Qué hago con estos despojos?

EL PERRO. *(Desinteresado.)*

Que te aprovechen.
(EL CUERVO arrastra el cadáver afuera y vuelve a entrar, sacudiéndose las manos.)

EL LORO.

¡Atención, suprema atención! Ha llegado el minuto histórico. Las ilustres autoridades aplican sus manos a la obra redentora de los turistas, descorriendo el velo sutil que cubría el pudor del decreto más avanzado del mundo.

(Descorren el lienzo.)

TODOS.

¡Oooh!

(Aplauden.)

POR EL LUSTRE·
Y LA HIGIENE DE LA PATRIA
SE PROHÍBE
LA MENDICIDAD

EL LORO. *(Que acaba de leer pomposamente el decreto.)*

Y así, después de tan sobria ceremonia, enviamos un caluroso saludo a los turistas, garantizándoles nuestra ya mundialmente manoseada hospitalidad. ¡Os deseamos buen viaje a la patria feliz del Rosario de la Aurora, liberada y desierta de apestados mendigos! ¡Hasta pronto, queridos turistas!

(Se va y vuelve al micrófono.)

¡Eh! Algo importante. Si no queréis condenaros no olvidéis de traer la bolsa en gracia de Dios.

(Se oye la Canción de los Mendigos.)

EL PERRO. *(Con graves sospechas.)*

¿Qué ruido es ése, ministro?

EL LORO. *(Triunfante.)*

¿Quiénes pueden ser? ¡Nuestros amigos, los turistas!

EL PERRO.

¿Cómo? ¿Cantan los turistas? ¿No vendrán a hacerle la competencia desleal a nuestro insuperable fandango? ¡Mal olfato, mal olfato!

(Huele.)

EL CUERVO. *(Después de mirar a un lado y a otro, recoge los faldones y se dispone a marcharse.)*

157

¡Sálvese quien pueda! ¡Amén! ¡Sálvese quien pueda!
(*No acierta a salir. La Canción suena más cerca.*)

EL PERRO.
¡Oh! Apesta a mendigo por todas partes. ¡Tened
compasión de mis selectas narices!
(*Comienzan a entrar los mendigos, algunos de los
cuales habían sido aniquilados por los autómatas del
orden. Dejan de cantar. Sigue el fondo musical.*)
¡Horror! ¡Esto es el fin del mundo!

EL CUERVO. (*Corriendo, sofocado, de un lugar a otro.*)
¡Sál... sálvese quien pueda!

EL PERRO.
¡Ay! Me muero apestado. Me asfixia el aire de mi
propia tierra. Ya..., ya estiro la pa... ta.
(*Se muere.*)

EL CUERVO. (*Disponiéndose a recoger en un caldero
el ánima del general, poniéndole la cabeza dentro
del cubo.*)
Arroja ahí el ánima, desdichado. Echa todo fuera.
(*Mirando el cubo vacío.*)
Pero ¡si no has echado nada! ¿Estabas vacío? ¡Cómo!
¿Es posible que hayas vivido como un héroe y muerto
como un perro? ¡Misterio!
(*Al ver que se acercan mendigos.*)
Ahora me toca a mí. Ya sé. Pero ¿a quién diablos
entrego yo mi ánima?
(*Atacado de fuerte dolor de tripa, se abraza a su
barriga.*)
¡Ay...! ¡Ay...! Reviento.
(*Se pone en cuclillas.*)
¡Ay...! Ya... reviento.

MENDIGO ANCIANO. (*Adelantándose a los mendigos.*)
Abrid ese candado. Liberad a ese sujeto.
(*Un mendigo intenta quitarle el candado al* ARTISTA,

quien ha estado ensimismado hasta ese momento. Se defiende, haciendo ruegos con gestos para defender su candado.)

MENDIGO INVÁLIDO.
¡Déjalo! Que se pudra encerrado en sí mismo. Es un caso perdido. ¡Parece el vicio del silencio! *(EL ARTISTA se incrusta en la pared.)*

EL LORO. *(Deslizándose furtivo hasta el micrófono. Habla en tono subterráneo.)*
¡Olé, olé, olé! Aquí Radio Clandestina del Mundo Libre, parlando desde el exilio. Se ofrece pico de oro, utilísimo para dorar la píldora. Tarifas módicas, ajustadas a estos momentos críticos. Ningún Gobierno inteligente debe prescindir de mis servicios. Mi voz cautivante.
(Le ataca la tos.)
Mi voz *(afónico)* cautivante... ¿Qué le sucede a mi voz cautivante?
(Cada vez más afónico.)
¿Qué se hizo de mi voz cautivante? Sin voz me moriré de hambre. Mi palabra es mi ganzúa. ¡Oh! Soy un inútil. ¡Oh...!
(Hace gestos de amor y de pena, muriéndose abrazado al micrófono. Como si se hubiera olvidado de algo importante, resucita por un segundo, mira hacia el público para hacerle un ligero ademán de saludo, despidiéndose con voz melancólica, próxima al llanto.)
¡Good bye, mi tentación!
(Los mendigos cantan en tono afirmativo.)

> Si generosa
> la madre tierra
> por nuestro esfuerzo
> sus frutos da,
> ¿por qué a la hora

159

de la comida
nos sobran dientes
y falta pan?

Quien esta cuenta
sencilla y clara
con su sesera
aprenda a echar,
verá muy pronto
que en este juego
alguien se queda
con nuestro pan

Nadie la llave
del gran granero
en su bolsillo
puede guardar.
Si es nuestro el surco,
nuestro es el fruto:
¡nadie se quede
con nuestro pan!

(Unos mendigos desentierran el palio y tratan de salir pomposamente. Otros pretenden infiltrarse en sus filas, pero son rechazados. Sigue rimbombante la música y baja lentamente el telón.)

Sobre un diván está durmiendo la SECRETARIA. A su lado, sobre un cajón vacío, hay un despertador, próximo a las dieciséis, hora en que sonará. Sentados, con la cabeza apoyada sobre la máquina de escribir, se supone que duermen dos BURÓCRATAS. Los muebles, de diversos estilos antiguos, están totalmente desvencijados. Se ven botellas descorchadas y restos de comida.

(Cuando suena el despertador, la SECRETARIA, somnolienta, se incorpora, mientras los otros siguen durmiendo. La mujer bosteza, estira sus brazos, de carnes ya vencidas, alza sus pechos caídos, se arregla el pelo, quemado por los tintes, y salta al suelo. Calza los zapatos, se sube las medias, luciendo piernas todavía hermosas. Vuelta de espalda, como escondiéndose de sí misma, aprieta la cincha de la faja, metiendo en cintura tripas y rollos, delatores de sus horas de vuelo. Detrás de unos trastos encuentra su cartera. Saca un brillante collar de fantasía, espejo, barra de labios y colorete. Aunque gastada, el color reanima su pasado esplendor. Coquetea, meneando su belleza en repliegue, y se dispone a irse. Ya en la puerta, chasquea los dedos al darse cuenta que se ha olvidado de sus guantes. Comienza a buscarlos, empujando y derribando cuanto le sale al paso. Se pone cada vez más furiosa.)

SECRETARIA.
¡Mis guantes! ¿Quién se tragó mis guantes? ¿Cómo

voy a salir sin guantes? ¿De qué modo voy a dar la
mano a la gente enguantada?

(Grita al oído de un BURÓCRATA.*)*

¡Mis guantes! Me dais un asco increíble. ¡Ay, qué
desgraciada soy! ¡Pobre de mí! Pero no debo llorar
aquí. Y ante todo, cuidemos las formas.

(Sonriente y soñadora.)

¡Oh, si volviera a tener veinte años! ¡Mis veinte
añitos! ¡Qué derroche! ¿Y dónde estaba yo a los
veinte años..?

*(Se hace la ilusión de que vuelve a tenerlos, pavoneán-
dose sensual y delicada.)*

¡Oh! ¿Cómo está usted, señor Supergerente...? ¿Qué
si quiero ser su secretaria particular? Con mucho
gusto; usted manda, señor Supergerente. ¿Que si sé
taquimecanografía?

(Negando.)

¡Es una palabra larguísima! Pero sé todo lo demás.
De acuerdo: lo que no sepa me lo enseña usted.
Me gusta tanto tratar con persona mayores...!
Sí. Ayer cumplí veintidós años.

(Decepcionada.)

¡Cómo! ¿Me trasladan al despacho del señor Gerente?

(De nuevo optimista.)

¡Ah! Ya entiendo: es un ascenso. Muchas gracias,
señor Supergerente.

(Recoge sus cosas.)

Bajaré a ocupar mi nuevo cargo. Muy buenos días,
señor.

*(Sale y entra en el piso de abajo, saludando ceremo-
niosamente.)*

A sus órdenes, señor Gerente. Sí. Soy su nueva
secretaria particular. ¿Que si sé..? ¡Pues no voy a
saber!

(Se menea provocativa.)

He trabajado dos años al lado del Supergerente,
pero usted le gana en todo. ¿Así que su mujer se
cela? Comprendo. También yo me celaría si en vez

de ser su secretaria particular fuera su esposa particular.

(*Suelta una carcajada como producida por cosquillas.*)
¡Qué hombre más competente es usted!

(*Se menea como culebra al sol.*)
Muchas gracias por el regalito. ¡Cómo pasa el tiempo! Llevo ya cinco años en esta oficina y se me antoja que fue ayer cuando entré por esa puerta.

(*Sorprendida.*)
¡Qué! ¿Me echa de su lado? ¡Oh! ¿Se trata de un ascenso?

(*Comprendiendo.*)
Ya sé; me destinan al despacho del Menos Gerente.

(*Añorando el pasado.*)
Pero nunca me olvidaré de usted. Primero, una vive de realidades; luego, de recuerdos. Y así vamos barajando el tiempo. Le seré franca: me había..., ¿cómo decirlo...?, acostumbrado a sus modales. Ello me hace abrigar un temor ante el nuevo destino. No sé si lograré adaptarme a las exigencias de mi futuro jefe.

(*Sobreponiéndose.*)
Pero un ascenso es siempre un ascenso. ¡Qué caray! Yo tengo mis ambiciones. Me voy abajo. Llámeme cuando me eche de menos. Hasta prontito, señor Gerente.

(*Sale emocionada.*)
No se olvide de mí.

(*Recoge sus cosas, se despide, sale, y entra en el despacho de abajo.*)
Buenos días, señor Menos Gerente. Soy su nueva secretaria particular. ¡Cómo! ¿Que no me necesita para nada? (*Marica.*) ¿Así que usted sólo usa secretarios, no? (*Aspira.*) ¡Oh! ¡Qué perfume de almendro en flor! Si no me burlo. Simplemente olfateo el aroma eficiente de esta sección. ¿La más concurrida de la empresa? No hace falta que me lo jure. Le creo. Soy creyente. Sí, eso es cierto. Las secretarias sufrimos

inexorables lunas; en cambio, sus girasoles están siempre a punto de caramelo. ¡Ojo con la menta...!

(Sale dando un violento portazo. Queda un instante indecisa, derrotada. Luego se dispone a seguir bajando escaleras.)

¡Me ascenderé yo misma!

(Entra en el nuevo despacho.)

¿Cómo está usted, señor Nada Gerente? Soy su nueva secretaria particular. Estoy encantada de tener un jefe de tan buena presencia. ¿Que está cubierta la plaza? ¡Pues no hay derecho! ¿Y no voy a ofenderme? ¿O cree que acabo de caerme de un nido? se equivoca. Llevo ya siete años en la empresa y llego a este puesto por riguroso turno de antigüedad. ¡De modo que por eso mismo no me necesita! ¡Así que tiene la desfachatez de no respetar el escalafón, cubriendo los puestos de ascenso con secretarias novatas, apañadas por ahí, sin la menor experiencia? ¡Buena anda la empresa!

(Recibiendo una noticia agradable.)

¡Oh, gracias, señor Nada Gerente! ¿De modo que debo presentarme en el despacho del señor Menos Que Nada, un pisito más abajo? Hoy he tenido suerte: dos ascensos *(indicando descensos)* de un golpe. Buenos días.

(Sale, baja, abre varias puertas y entra.)

Caramba, mi querido señor Menos Que Nada!

(Le da la mano.)

Cuánto me alegra trabajar a su lado.

(Sintiéndose gastada.)

Nada mejor que vivir entre la juventud: contagia su entusiasmo. ¿De veras que no sabe quién soy? Adivine. Eso mismo. No entiendo jota.

(Retrocede, asombrada.)

Que no tiene usted secretaria particular fija?

(Avanzando, optimista.)

Comprendo: utliza varias secretarias a la vez. Eso quiere decir que es usted un funcionario muy activo.

¡Me encanta la gente así! *(Vaporosa.)* ¡Oh, la actividad! Hace diez años, cuando comencé a trabajar al lado del señor Supergente, me aburría un disparate. ¡El pobre señor casi me tenía de adorno! Gracias a mi propia actividad no me moría de tedio.

(Se menea con maestría.)

¡Nunca pude estar sin hacer nada! Poseo una gran experiencia.

(Saca un cigarrillo y fuma haciendo piruetas con el humo. Transición al estado actual. Se sienta de mala manera.)

Y así..., así..., así... *(va indicando descensos)* hasta tres pisitos más de ascensos. Es curioso: un hombre puede comenzar en la portería y terminar siendo Supergerente. En cambio las mujeres empezamos en el despacho del Supergerente y terminamos en la portería. Evidentemente somos sexos de signo contrario.

(Recupera algo su rumbo anterior.)

¡Oh, no crean que trabajo en esta sección! Estoy en el piso de arriba. *(Ligera.)* Aquí estoy..., como quien dice..., haciendo oposiciones. Desde luego. Venir a este despacho me supondría un nuevo ascenso. Pero ya estoy cansada. ¡Siempre la secretaria... particular! ¡Estoy harta! Toda una vida por unos trapos lujosos. Y en este mercado infernal, donde mis piernas valen más que toda mi persona, ¿qué otra cosa hubiera podido ser...? Nadie me quiso. Tampoco yo me enamoré gran cosa, ni por mucho tiempo. Amores de estación, como las flores. Me moriré de vieja con el corazón intacto. ¿Morirme de vieja? Eso nunca. Me arrojaré al tren. Hará papilla mi corazón intacto... Pero será mejor que me tire al mar. Sus rizos acariciarán mi cuerpo hasta la orilla. Todavía seré un cadáver bastante hermoso... ¡Adiós, voy a morir...! ¿Pero dónde diablos estarán metidos mis guantes?

(Los encuentra fácilmente.)

Aparecieron de pronto. Es indicio de que alguien vela para que se cumpla mi destino. *(Llora.)* ¡Me arrojaré al mar!
(Sale decidida. Vuelve a entrar.)
¡Felicitadme, queridos! ¡Felicitadme! Me han ascendido. ¡Vengo a trabajar aquí!
(Se sienta en el suelo.)

O S C U R O

Los mutantes

Personajes:

HOMBRE.
MUJER.

Una piedra inmensa se ilumina. Bajo ella, aplastados, HOMBRE y MUJER conviven. El espacio es mínimo y se mueven con enorme dificultad. Allí, apretujados, aparecen, en miniatura, todos los aparatos de la vida moderna, coche incluido, invadiendo todos los rincones libres.

(HOMBRE *hace movimientos mecánicos sobre una máquina electrónica invisible de la que, por momentos, se percibe el sonido.* MUJER *pone en marcha algunos de los electrodomésticos que le ayudan en las tareas de la casa. Luego enciende la televisión y crece el volumen musical.*)

HOMBRE. *(Sin dejar de trabajar.)*
Sí, soy feliz. Voy a ser padre. Era lo único que me faltaba para ser totalmente dichoso. No me puedo quejar, la vida me sonríe. Mi mujer es un sol, un sol hogareño. Y no lo parecía. Cuando me casé era una señorita frívola. Soñaba con viajar y viajar, pero se ha acoplado perfectamente a mi vida.

MUJER. *(Revolviendo entre los objetos.)*
¡Estoy harta! Todo el día entre monstruos eléctricos. Me van a matar. En cualquier momento soy noticia: «Ama de casa electrocutada.» ¡Qué horror! Y ahora, para colmo, voy a tener un hijo, aquí, en este hogar sin espacio para jugar. ¡Sol, sol, quiero sol!

HOMBRE.

Este año no podrá ser. Tengo muchísimo trabajo. Me han ascendido. Manejo una máquina electrónica que ha costado un dineral a la empresa. Con ella llevo el control de la producción. Mis jefes me estiman muchísimo. Me han subido el sueldo. Me han animado para que cambiara el modelo de coche. Claro que para venir al trabajo utilizo el Metro. Viajo apretujado, pero llego puntualmente. Al cruzar la ciudad, el tráfico está imposible.

MUJER.

¡Sol, sol! ¡Necesito sol! Si no tomo el sol, el hijo que crece dentro de mí no será una persona. Será un gusano pálido.

HOMBRE. *(En una tienda, pero sin haber cambiado de sitio.)*

¡Por favor! Despácheme pronto. Tengo que volver al trabajo. Quiero una lámpara de rayos solares. No se trata de mí. Eso mismo, un regalo para mi mujer. Sí, envuélvala en un papel vistoso. No, este año no podremos ir a la playa. Desde luego. No es por dinero. Es por algo que no se puede comprar: la falta de tiempo. Yo estoy siempre ocupado. Para colmo, la empresa acaba de comprar un ordenador electrónico y sólo yo sé manejarlo. Sí; tuve que hacer unos cursillos. Pero compensa el esfuerzo, se paga muy bien ese trabajo.

(Coge el paquete.)

¿Y esta lámpara cómo funciona? Entendido, sólo darle a la llave. Supongo que dará buen resultado. ¡Lo mismo que el sol! ¡Increíble! La técnica es prodigiosa.

MUJER. *(Las cosas se le caen encima.)*

¡Socorro, me aplastan! ¡Mi hijo, mi hijo!... ¡Ay...! *(Se desvanece.)*

HOMBRE.

Está dormida. Claro, el embarazo. Se fatiga muchísimo. Menos mal que le he comprado el lava-
platos superautomático.
(Le pone encima el paquete de la lámpara.)
Cuando se despierte se llevará una agradable sorpresa. Será como si tuviera el sol en casa. ¡Sol a
domicilio! Eso la compensará del veraneo. Todavía
no le he dicho que este año no podremos ir al mar.
La lámpara hará el milagro de conformarla. Hoy
la técnica hace milagros.

MUJER. *(Inconsciente.)*
¡Aire..., aire...!

*(*HOMBRE *hace funcionar el ventilador.)*
¡Sol..., sol! ¡Quiero sol...!

*(*HOMBRE *abre el paquete y enciende la lámpara.)*
¡Mi hijo! ¡Mi hijo va a nacer!

HOMBRE.

Está soñando con su hijo: con nuestro hijo. Pero
todavía faltan dos meses. Será un hijo feliz. No
sufrirá las privaciones que yo padecí. Crecerá sano
y robusto. Le atenderán los mejores pediatras. Irá
a los mejores colegios. Sabrá idiomas. Estudiará...
Sí, especialista en algo... En algo provechoso. Ganará
todo el dinero con muchísima facilidad.

MUJER. *(Despertando. Se retuerce con dolores espas-
módicos.)*
Va a nacer. Va a nacer. Le aplastarán.
*(Trata de quitarse objetos de encima. Tira la lámpara.
Después con dificultad, el ventilador. Pero otros apa-
ratos se le caen encima.)*
¡Oh, esto es horrible!
*(Mientras aparta unos objetos, van cayendo otros.
Parecen estar animados y la vencen.)*

Se morirá aplastado. ¡Estos malditos trastos no le dejan nacer!

HOMBRE.
Tan pronto nazca, ya se encontrará en un hogar civilizado donde nada le faltará. Le compraré juguetes, muchísimos juguetes.
(Echa juguetes dentro, sobre la mujer también.)
Todos los juguetes imaginables. Tendrá todos los juguetes que yo no he podido tener.

MUJER. *(Con gran esfuerzo hace un movimiento violento y la parte inferior de su cuerpo asoma al exterior de la piedra. Los objetos, mezclados con los juguetes, forman una barrera entre ella y* HOMBRE.*)*
Va a nacer. Me siento mejor. ¡Oh!... ¡Oh!... ¡Oh!...
(Llanto de recién nacido.)

HOMBRE. *(Al teléfono, pero sin dejar su ritmo mecánico.)*
¡Cómo! ¿Que he tenido un hijo? No es posible. Faltan todavía dos meses. ¿Un accidente? Póngame con mi mujer. ¡Oh! Está dormida. ¿Cómo, inconsciente? No puedo salir ahora. La máquina está funcionando. Si la dejo sola, se arruinará toda la producción. Iré tan pronto termine; ahora me es imposible.

MUJER.
Ya ha nacido. ¡Qué alegría! Y ha nacido fuera de aquí. Será libre. Crecerá al viento y al sol. No: no puedo verlo. Pero lo siento. Lo siento como cuando estaba dentro de mí. Le oigo llorar al aire libre. ¡Soy feliz!
(Como en sueños.)
Jugará con el sol..., el viento..., las estrellas..., el mar..., la luna..., los árboles..., la arena..., el cielo azul..., la lluvia...

HOMBRE. *(Tiene un sonajero eléctrico.)*
   No lo encuentro.
(Busca entre objetos y juguetes.)
¿Estará fuera? ¡Qué horror! Ha nacido fuera de aquí.
Tendré que ir a buscarle. Fuera se morirá. El sol
puede quemar su piel. Es muy fina la piel de un recién
nacido. ¿Y si se moja? Seguro que coge un catarro.
Tengo que tenerle aquí dentro. Fuera no le protege
nadie. Allí crecerá a la intemperie y sin ley. No.
No quiero que sea un salvaje ni un inadaptado
social. ¡Eso no! Me traería un montón de complica-
ciones. He trabajado toda mi vida como un animal
para ser feliz. Tengo un hogar donde no falta de
nada. Mi hijo podrá vivir sin complicaciones. Quiero
conservar todo esto para él. Se trata de mi hijo.
Tiene que crecer aquí. Fuera es el caos. El desorden.
Tengo que hacer algo para que venga. Es urgente.
Puede coger una infección o una peste. Eso mismo...
Avisaré a la Policía.
(Llanto del recién nacido.)

MUJER. *(La luz desciende.)*
   ¡No! ¡No!
(Suena un disparo en un lugar indefinido.)

OSCURO TOTAL

El rabo

Personajes:

PERRO 1.
PERRO 2.

Dos perros se encuentran, se saludan oliéndose el
rabo; hacen pis levantando la pata y se vuelven a oler.
Hay un perchero.

PERRO 1. *(Tratando de disimular, le da un codazo
al otro.)*
¡Chist, chist, que nos están viendo!

PERRO 2.
¿Quién? ¿Quién?

PERRO 1.
¿Quiénes van a ser? Los hombres.

PERRO 2.
¿Y qué? ¿Acaso ellos no hacen cosas peores?

PERRO 1.
Por supuesto, pero ya sabes cómo son. Nos olemos
el rabo y ellos, los muy marranos, piensan lo peor.

PERRO 2.
¿Y no dicen que son nuestros mejores amigos?

PERRO 1.
Ese es un cuento pasado de moda. Nuestro servicio ha fabricado esa creencia, pero la verdad es que
los hombres, al mantenernos, aniquilaron nuestros
mejores instintos.

PERRO 2.
Los hombres son buenos.

PERRO 1.
Nos han sobornado con su paternalismo.

PERRO 2.
Creo que eres un desagradecido.
(Vuelve a olerle.)

PERRO 1.
¡Que dejes eso! Nos están viendo. Pensarán lo peor.

PERRO 2.
Creo que los hombres no son tan malvados.

PERRO 1. *(Confidencial.)*
Si nos ven a dos perros oliéndonos el rabo, son capaces de levantarnos una calumnia o denunciarnos por depravados.

PERRO 2.
Eres un extremista. Olernos el rabo fue lo primero que nos enseñaron nuestros padres. ¿Crees que nuestros padres iban a enseñarnos algo malo?

PERRO 1.
Claro que no, pero los hombres ignoran nuestra verdadera historia.

PERRO 2.
Los hay muy sabios.

PERRO 1.
Sólo saben de sus cosas o del modo de sacarnos provecho. Pero de nuestros verdaderos problemas, ni una palabra.

PERRO 2.
¿Y por qué?

PERRO 1. *(Despectivo.)*
Carecen de sensibilidad.

PERRO 2.
Entre ellos se entienden.

PERRO 1.
Aparentemente.
(PERRO 2 vuelve a olerle.)
¡Cuidado que eres pesado!

PERRO 2.
Perdona, es la costumbre.

PERRO 1.
¡Pues corrígete! Los hombres de hoy, excitados por la publicidad y las películas pornográficas, son asquerosamente morbosos. Están viviendo lo que ellos llaman una civilización «sexy».

PERRO 2.
¿Y eso qué es?

PERRO 1.
Una verdadera revolución: los testículos, sublevados, se les suben al cráneo.

PERRO 2. *(Se hace cruces.)*
¡Qué barbaridad!

PERRO 1.
Por eso tenemos que andarnos con ojo.

PERRO 2.
Olernos el rabo es una necesidad.

PERRO 1.
Pero no delante de los hombres. Por muy hones-
tamente que nos olamos los rabos, ellos siempre
pensarán que nos olemos lo otro.

PERRO 2.
¿Tú crees?

PERRO 1.
¡Pareces tonto! A tu edad ya debieras saber que los
hombres en los demás ven solamente sus obsesiones.
Métete esto en la cabeza: sus obsesiones.

PERRO 2.
Un mahometano puede mirar hacia la Meca y un
budista su ombligo, pero nosotros no podemos hacer
con lo nuestro lo que nos dé la gana. Nos está bien
empleado por haber abandonado la selva y hacerle
la pelotilla al hombre.

PERRO 1. *(Aliviado.)*
¡Al fin has comprendido!

PERRO 2.
Ahora lo veo clarísimo. *(Indignado.)* Nos imponen
su hipócrita moral. Ellos nacen desnudos, se visten
y luego andan desesperados por verse desnudos los
unos a los otros, y siendo así se atreven a juzgarnos.

PERRO 1.
Sí, sí, vivimos alienados.

PERRO 2. *(Cada vez más decidido.)*
Habrá que romper esas cadenas. Olernos el rabo
es una necesidad vital. ¿Qué hacer?

PERRO 1.
Olernos clandestinamente.

PERRO 2.
Eso es humillante. Debemos explicar las razones de por qué nos olemos; hay hombres comprensivos.

PERRO 1.
No seas idealista.

PERRO 2.
Si explicamos las causas de esa ceremonia, su verdadero origen, algunos hombres, los más inteligentes, nos comprenderán. Y esos convencerán a los otros. Muchos hombres nos estiman de verdad.

PERRO 1.
Eres una víctima de su paternalismo. ¡Me das asco!

PERRO 2.
No se puede ser tan pesimista. No es constructivo. Si no hacemos algo no saldremos del hoyo.

PERRO 1.
¿Crees que nuestros antepasados no lo han intentado? Sí. Acabaron en la horca o en la silla eléctrica, según el grado de civilización.

PERRO 2.
Yo no me resigno. ¿Qué tenemos que perder?

PERRO 1. *(En el mismo tono.)*
...¿aparte de nuestras cadenas?

PERRO 2.
¡Eso digo!

PERRO 1.
La vida.

PERRO 2.
Sin olernos la vida es indigna. Pese a todo, los hombres también progresan en sus sentimientos. Alguna vez mataron a sus profetas, es verdad, pero luego se arrepintieron.

PERRO 1.
Siempre a destiempo.

PERRO 2.
Tú me abriste los ojos sobre el problema de nuestra alienación. Y yo ahora te invito a que te unas a mí para luchar juntos. Digamos a los hombres las razones históricas por las que nos olemos los rabos.

PERRO 1.
Nos matarán.

PERRO 2.
¿Tienes miedo?

PERRO 1.
Ni pizca.

PERRO 2.
Entonces, dame la mano y adelante!
(Sellan el pacto. Sacan carteles. Se sube a una improvisada tribuna.)
¡Hombres de todo el mundo! Os habla vuestro mejor amigo, el perro. En nombre de mi raza, deseo haceros una declaración. No la toméis a mal, pero ha habido una confusión en nuestra historia. Sabemos que lo hicísteis con la mejor voluntad, pero la metedura de pata está ahí. Ese error nos ha traído por el camino de la amargura, ya que siempre que nos olemos el rabo pensáis lo peor.

Perro 1. *(Excitadísimo trepa por la tribuna, aunque el otro se opone.)*

¡No! ¡No se trata de nada pecaminoso como vuestro asunto de la manzana! Si hay pecado, lo habéis inventado vosotros, como tantas cosas que habéis inventado por hacer desagradable la vida.

Perro 2. *(Dando explicaciones de cumplido.)*

No os enfadéis por el acaloramiento de mi compañero, aunque debéis reconocer que su indignación está justificada, dado el calibre de la ofensa. Para poner coto a esta situación, hacemos un llamamiento a todos los perros y perras de la tierra para que, desde las tribunas, aclaremos esta situación que tanto nos ha venido humillando.

(Perro 1, que había estado haciendo guardia marcialmente, trata de trepar otra vez a la tribuna. El otro le golpea los dedos.)

Perro 1.

Poned atención, aunque no creo que nos comprendáis. Una vez, hace miles de años, cuando los perros éramos libres, es decir, no habíamos caído bajo vuestro tiránico paternalismo...

(Se cae vencido por Perro 2)

Perro 2.

Querido, estás demasiado nervioso. Para hablar de política es necesario tener la cabeza fría. Si no, dirán que no eres objetivo. *(Al público.)* Os contaremos qué ha ocurrido en la historia, míster Toynbee. Hace miles de años, los perros de toda la tierra celebraron un gran baile de gala en honor de una perra hermosísima, la sin par Cleopatra. Su belleza era tan colosal que, pese a ser perra, volvió loco de amor a todo un patricio romano. Pero juzgad vosotros mismos el histórico suceso.

(Los dos PERROS *salen y vuelven a entrar vestidos para un baile de gala. Pueden incorporarse perros y perras para el baile y la orquesta. Al entrar colocan sus sombreros, ropas y rabos en el perchero y vuelven a salir. Hacen lo mismo varias veces hasta llenar el perchero. Suena la música y comienzan a bailar un ritmo cortesano. De pronto todos los perros se quedan petrificados a causa de la llegada de Cleopatra: una suntuosa capa cruza la escena. Todos los perros se abalanzan, gritan, pelean, lloran y ladran. En medio del jaleo, a veces imponiéndose con gran esfuerzo, las voces de* PERRO 2 Y 1.)*

Todos sabían que Cleopatra, la de la nariz perfecta, era una perra hermosísima, pero verla en la fiesta fue algo sobrecogedor. Los corazones de todos los perros, incluso los de los tullidos, calvos y mancos, comenzaron a latir perdidamente enamorados. Las perras, celosas, se pusieron furiosísimas y pellizcaban y daban en las espinillas de sus respectivos perros para volverles al sosiego. Pero todo fue inútil. La belleza de la perra Cleo, que así se llamaba íntimamente la fulana, era turbadora. Irresistible. Se oían voces. *(Se oyen.)* «Cleo, Cleo, Cleo..., yo primero; no, fuera... Cleo, Cleo... A mí me guiñó un ojo... Fue a mí, lagarta. Yo la vi primero... Quien la toque le parto la cabeza... Chulo. Toma, asqueroso...»
(Pelea de perros cada vez más feroz.)

¡Dios mío! La sangre perruna, siguiendo los surcos de la humana, teñía los ríos. ¡Atención! Se oyeron silbidos y disparos: era la «poli».
(Se oye a la «poli».)

Alguien dijo: «¡Sálvese quien pueda!» Todos los perros se abalanzaron al perchero, cogieron la ropa y el primer rabo que cayó en sus manos y salieron pitando. *(Lo hacen.)* Al día siguiente los perros se dieron cuenta de que todos, absolutamente todos, habían tomado un rabo que no era el suyo. Pero ya era tarde: los hombres habían impuesto su sistema. Y así hasta hoy. Esto explica por qué nos olemos el rabo. No buscamos placer, «¡buscamos el rabo perdido!»

(PERRO 2 *de nuevo en la tribuna.*)

¿No buscan muchos hombres el paraíso perdido? Nosotros nos contentamos con que cada perro encuentre el rabo que le pertenece. Es muy doloroso ver perros pequeños con rabos enormes y, al revés, perros grandes y formales con rabos verdaderamente ridículos...

PERRO 1. *(Logra trepar a la tribuna.)*

¡Sí! Luchamos por una redistribución justa y equitativa de los rabos. ¡A cada cual, el suyo! No pasamos por menos. ¡Perros del mundo, alzaos! ¡Oler hasta encontrarlo es un derecho sagrado! Después, ya veremos.

PERRO 2.

¡Salgamos de la confusión! ¡Viva el rabo legítimo!
(Ráfagas y disparos. Voces de cerco.)
¿Qué pasa?

PERRO 1.

Los hombres, nuestros mejores amigos.
(Una ráfaga de ametralladora mata a los perros. Caen oliéndose el rabo.)

FIN. TELÓN

Luz matinal. Habitación de niño, pulcra y arregla-dísima. Juguetes y libros de cuentos colocados muy ordenadamente en estanques y repisas. Bicicletas y coches de distintos tamaños colocados en batería. Patines. Balones y pelotas de colores. Globos. Mu-ñecos y animales de trapo, terciopelo y plástico. Un buró de colores donde estudia y trabaja el Niño. Un tocadiscos abierto. Un puñal clavado en un lugar visible. Un biombo detrás del cual se supone que hay una cama para el Niño. Pero nada de esto es esencial. Basta saber que están ahí.

(Madre entra con un aspirador y un disco. Corre la cortina y entra el sol. Enchufa el aspirador y coloca el disco. Mecánicamente sigue el ritmo de la conversa-ción del disco, acompañando su voz con algunas expre-siones de su cara, pero sin abrir la boca. Incansable-mente arregla lo ya arreglado, limpia lo ya limpio.)

Disco.
«Despiértate, bichito mío, despiértate... ¡Es horrible cómo has dejado el cuarto! Dentro de nada está aquí el coche del colegio y tendrás que salir pitando. Anda, rico, levántate. Papá no quiere que salgas sin desayunar.
(Toma unos cuadernos del buró.)
¿Y eso? ¡No has hecho los deberes! Papá quiere que comas mucho para que seas un fuertote. Así nadie se meterá contigo. ¡A veces eres un bruto

con tus compañeros! Eso me disgusta, ya lo sabes.
Quiero que te respeten, pero que seas bueno y generoso. Levántate, cariño. ¡El desayuno se está
enfriando! No te olvides de tomar el zumo de naranja. Necesitas vitaminas. ¡Cómo! ¿Otra vez has
roto el osito?
(Coge el oso, le da un beso y le cose la tripa.)
¡Pobre osito lindo! ¡Eres un animal! Despiértate,
bichito mío, despiértate. Los juguetes no son para
romper, ¡tontísimo! No debes seguir haciendo disparates. No importa que te ocultes para hacer el
mal: mis ojos te ven en todas partes, son ojos de
madre. Pero tienes suerte. Si tu padre supiera todos los disparates que haces en un solo día, ¡qué
sé yo qué te haría! Te he preparado un desayuno
riquísimo. ¿Adivinas qué te he puesto en el pan
tostado?
(Se queda escuchando una respuesta que no llega.)
Pero no hagas lo que todos los días: comer el pan
y dejar lo otro. ¡Eso es comer como los perros!
Ya estás en edad de comprender lo que debe o no
debe hacerse. Prométeme que no lo vas a hacer más.
Pero sin ocultaciones, porque al final mis ojos todo
lo ven. Eres un niño monísimo. Papá y yo estamos
muy orgullosos de ti. ¡Da asco cómo has puesto el
cuarto! Cuando salimos te dejé arropado. ¿Por qué
te levantaste? Sabes que te lo tengo prohibido. Y sabes
que siempre me entero. A mis ojos no se les escapa
nada. Para mis ojos, las paredes son transparentes.
Cualquier día, al regresar del teatro o del cine, te
encontramos muerto. Y todo por tu estupidez. Por
hacer diabluras. Por revolverlo todo y poner el cuarto
hecho un asco. ¡Pero despiértate, amor mío! Ya
sabes lo que dice papá: quien no sea ordenado de
pequeño, de mayor será un desastre. Eso te espera,
pese a mis consejos. El orden es un hábito, una
costumbre que se mezcla con la sangre. ¡Pichoncito,
arriba! ¡Vete a desayunar!»

MADRE. *(Escucha un ruido de coche en la calle.)*
Sí, es el coche.
(Suena un claxon.)
Ya está ahí, dormiloncete. ¡Sal pitando! Otra vez
sin desayunar. ¡Si tu padre se entera! Voy a prepa-
rarte un bocadillo para que lo comas durante el
viaje. Sal corriendo, querido.
(Sale la MADRE *y deja el aspirador en marcha. El*
NIÑO *sale apresuradamente, coge sus cosas del buró,
las mete de un manotazo en la cartera, vuelve a destripar
el oso y saca un revólver de juguete, hace unos disparos
hacia la puerta y vuelve a meter el revólver en el oso.
Apaga el aspirador y sale arreglándose la ropa.* MADRE
entra con un bocadillo.)
¿Para qué disparas? Las armas son para jugar pací-
ficamente. No a lo bestia. ¡Ay, si lo sabe tu padre!
Toma el bocadillo, querido.
(Comprende que ya no está.)
¡Pero si ya se ha ido! Todos los días igual. ¡Qué
pesadilla! *(Lloriqueando.)* ¡Oh, qué desgraciada soy!
*(Se sienta en el buró. Sin darse cuenta va comiendo
el bocadillo. Cuando termina, se calma. Ve el oso
destripado de nuevo.)*
¡Qué horror! Otra vez te ha roto ese bruto.
(Coge el oso con ternura.)
Te coseré muy fuerte. ¿Quieres su bocadillo? *(Lo bus-
ca.)* Está riquísimo.
*(Se da cuenta de que se lo ha comido ella. Como
atragantándose.)*
¡Por eso estoy engordando como una idiota!
(Gime. Oscuro. MADRE, *vestida para salir de noche,
arregla constantemente cosas.)* Ya sabes, sé bueno.
Te he dejado ahí el vaso de agua con azúcar. Duér-
mete pronto y sueña cosas hermosas y buenas.
Ya sabes que yo también veo tus sueños. A veces
no me gusta lo que sueñas, son groserías. Papá y yo
vamos al teatro. Hasta mañana, cariño. No te muevas,
que estás muy bien arropadito. Hijo, no debes darle

tanto la lata a tu padre cuando vuelve del trabajo.
Él necesita descansar. Hoy estaba tan cansado que
se quedó dormido mientras veía el programa deportivo.
¡Con lo que a él le gusta el programa deportivo!
Pero se durmió. Seguramente también se dormirá
en el teatro. Pero a mí hay que sacarme de casa,
si no me pudriré aquí, entre estas paredes de cristal.
Tu padre es buenísimo. Eres cruel con él, le acuchillas
a preguntas. Luego, claro, él se aburre y te dice a
todo que sí, o a todo que no. Y soy yo quien paga
las consecuencias. Tu padre dice que yo te maleduco.
No sabe que estoy todo el santo día con mis ojos
fijos en ti.
(Como si lo tuviera delante.)
«Hijo, haz esto..., hijo, hazme esto otro..., no te
metas el dedo en la nariz, marrano...; cariño, átate
los zapatos...; ¡no juegues con las armas como un
asesino!...; amor, no te olvides del bocadillo...;
bestia, no rompas los libros...; has sido buenísimo,
toma para lo que tú quieras comprarte...; cochino,
límpiate los zapatos al entrar en casa...; cuidado con
las chicas, son peligrosas...» Bueno, que sueñes con
los angelitos. Y no te levantes. A ver cómo cumples
por una vez tu palabra. Dejo todo arreglado, ya
veremos mañana. Mis ojos todo lo descubren. Si te
levantas, esta vez se lo digo a papá, aunque se dis-
guste. No voy a tragármelo yo todo. Pero papá es
un santo. Y necesita todo nuestro cariño. Cariño
y tranquilidad, le dijo el médico. Si quieres ser un
hijo modelo, ofrécele tu buen comportamiento. Te
será fácil: basta que no le acoses cuando regresa
del trabajo. Al llegar le das un besito, le dices que
le quieres y te vienes al cuarto a estudiar. Así dormirá
tranquilo mientras mira la televisión. Le distrae muchísimo el programa deportivo. De este modo, además de ser un buen hijo, serás un excelente estudiante.
Estaremos muy orgullosos de ti. La gente cree que
ya lo estamos, pero la gente no ve las cosas desagra-

dables que ven mis ojos. No debes escaparte a la salida del colegio, sino venir para casa a estudiar. Aquí también puedes divertirte, no te falta de nada. Vamos a regalarte un proyector de cine. Así no tendrás necesidad de escaparte para ver una película. ¡No me gusta que vuelvas a ir con chicas al cine. Por ahora eres un mocoso. Tu padre está muy preocupado. Teme que hieras a alguna con tu nuevo rifle. Sé bueno. Papá se lo merece todo. Ahora está cansado y, sin embargo, sale. Lo hace por mí. Claro, yo no me voy a pudrir en esta casa. Sigue mis indicaciones y ya verás qué fácil es ser bueno. Hasta mañana, niñito lindo.
(Apaga la luz y sale. Después de un rato de silencio, el Hijo *se levanta a oscuras, tropieza y tira algo que cae ruidosamente al suelo. Asustado, vuelve a la cama. El sol se filtra por las cortinas. Entra la* Madre *con los discos. Duda cuál poner. Se decida por uno.)*

Disco.
   Cariño, la hora de levantarse.
(Al ver los objetos tirados por el suelo.)
¡Oh, no! ¡Esto es demasiado! ¡Mis ojos estallan! Creí que te habías corregido. ¡Estúpido de niño! ¡Ay, si tu padre se entera de esto! Seguro que te echa de casa.
(Comienza a arreglar con energía.)
Lo estoy viendo: te levantaste a fumar. Te he visto. Hace dos días encontré cigarrillos en tus bolsillos. No dije nada porque pensé que a lo mejor no eran tuyos. Ya sabes que mis ojos todo lo descubren. No hay rendija de este cuarto que mis ojos no escudriñen.
(Coge una foto de una revista.)
¡Qué asco, una mujer desnuda! Estás perdido. Eres un vicioso. Un degenerado. Te he visto con una chica por la calle. Ya sé quién es. ¡Bonita fresca la niña! Prométeme que serás bueno. Yo te quiero, ya lo sabes. Y tu padre también.

(Ve, por primera vez, el cuchillo clavado.)
¡Socorro, un cuchillo espantoso! ¡Esto es un arma
de delincuentes! ¡Se lo diré a tu padre.
(Va a salir, pero da vuelta.)
Se disgustaría muchísimo. No está bien, por eso
todavía no ha salido para el trabajo. Irá más tarde.
No sé si me habrá oído chillar. No quisiera disgustarle.
Está afeitándose. Levántate, querido, y desayunas
con nosotros.
(Termina de arreglar.)
Tienes que prometerme no volver a hacer de tu cuarto
una cuadra. Ven, dame un beso y vamos a ver a
papá.»
(Sale el NIÑO *a medio vestir. Coge el cuchillo y va
hacia su* MADRE. *Ella se queda paralizada. Quiere
gritar, pero no encuentra su voz; el* HIJO, *brutalmente,
le apuñala los ojos. La* MADRE *se derrumba.)*

MADRE.
¡Mis ojos! ¡Mis ojos! ¡Ay, mis ojos!
*(Después de un silencio, en actitud para ella inex-
plicable.)*
Pero..., ¿qué le dije? Sí. Le dije..., le dije que tenía
que ser bueno..., bueno..., bueno...

HIJO.
Ten cuidado, mamá. Arrópate bien, mamá. Come
tu bocadillo, mamá. Tus ojos ya no lo verán todo...,
todo..., todo...

O S C U R O

PADRE e HIJO. Éste va creciendo como un hongo. Es siempre el mismo personaje. Al principio sólo se ve su cabezota dentro de una cuna o de un coche-cito para bebés. Tiene un chupete en la boca y se ve que juega con un sonajero o un muñeco de goma o de plástico.

PADRE. (*Al* HIJO *en la cuna.*)

Sí, serás feliz. Tendrás que serlo. Así mi sacrificio no será en vano. Por ahora no comprendes lo que es la vida, ni las humillaciones por las que tiene que pasar un padre para sacar los suyos adelante. Pero no importa. Al final veré en ti lo que yo no he podido ser. ¡Lo que no me han dejado ser!... Sí, yo las he pasado negras, todavía las estoy pasando. Pero tendré la recompensa algún día. Tú serás mi sueño, mi inalcanzable sueño hecho realidad en ti... Serás mi prolongación ideal. Yo no he podido ser lo que he querido, sino lo que me han dejado ser. Para mí fueron los restos, los desperdicios de la vida. ¡Un asco! Bueno, de todos modos he llegado a ser alguien. Otros son todavía menos que yo, pese a que tu madre no lo quiere reconocer. Ella dice que soy un fracasado. Dice que la cacé dormida. Que ella no se ha separado de mí por compasión. Constantemente me dice que no me quiere. Que yo soy un peso muerto en su vida. Cuando se pone a decir esas cosas me dan ganas de matarla, pero pienso en ti, hijo mío. Si ella no te cuida mientras voy al trabajo, ¿quién va a cuidarte?

Yo, pese a mis esfuerzos, gano escasamente lo indispensable para ir tirando. No he tenido suerte. Siempre otros más fuertes que yo me han echado a la cuneta. ¡Así!

(Hace un gesto y se cae, pero no quiere enterarse de que se ha caído.)

No he tenido suerte. ¡La suerte no se puede fabricar! Tu madre dice que soy tonto. Yo no digo tanto. Simplemente *(justificándose)* creo que soy demasiado bueno. Eso debió ser. Un hombre demasiado bueno que se ha dejado pisar. Te pisan una vez y después ya se establece la costumbre. Te usan de estribo o de peldaño para otros trepar. Eso es lo que pasa. Cuando te das cuenta y quieres reaccionar, ya es tarde.

(Como guiando al Hijo.*)*

¡Cuidado! ¡No te dejes pisotear! ¡Dale, dale un codazo! ¡Que se te adelanta aquel otro! ¡Venga, hazle la zancadilla! ¿Es que no me oyes? ¡Eso, eso! ¡Muy bien!

(Estrepitosas carcajadas.)

Ser bueno es peligroso. Tu madre hubiera preferido que yo fuera un caníbal, pero que supiera buscarme la suerte. Yo tengo que callarme cuando ella me dice esas cosas. Pienso en ti y me río por dentro. Algún día sé que vengarás las ofensas y las humillaciones que tu padre ha sufrido para sacarte adelante. Por ahora eres muy pequeño y de todo esto que te digo no comprendes ni una palabra.

(Le da un beso. Oscuro. El Hijo, *visible hasta debajo de los brazos, de unos cinco o seis años, juega violentamente con sus juguetes.)*

Cuida los juguetes, querido. Le han costado mucho sudor a tu padre. Y sinsabores también. ¡No se los dejes a nadie! No va a vivir esclavizado tu padre para que otros se diviertan con su sudor. Mira este cochecito.

(Coge un cochecito.)

Tú no le das ninguna importancia. Para ti no tiene

historia. Pero yo recuerdo perfectamente cuando te lo compré; tuve que pasar sin fumar unos días para equilibrar el presupuesto. Esta pelota te la compré con una propina que me dieron. ¡Qué horror, si lo sabe tu madre! Alargué la mano y tomé el dinero porque en aquel momento me acordé de que no tenías pelota. Y así todo lo demás, incluido el triciclo que te echaron los Reyes... Todavía lo estoy pagando. Les dije que eras un chico muy fuerte y me recomendaron ese. Los baratos se rompen en seguida. ¡Son para chicos flojos!

(Se regocija.)

Es curioso, juegos para ti, sudores y sacrificios para mí. No. No te lo estoy echando en cara. Filosofo nada más. Algo que tú no comprendes por ahora. Tú, pese a lo que dice tu madre, ves en mí a un padre poderoso que complace tus gustos. Eso me halaga. Sin duda, todo lo que te regalo me supone un gran sacrificio, ¡pero me alegra tanto verte contento cuando te lo doy! Siento que me admiras, además de quererme. Y tú me pagas con besos; es tu moneda inmediata. Pero yo, como pienso constantemente en ti, pienso en tu futuro.

(Hace como si nadase adelantando a otros.)

Te veo mayor, desafiante, ganándole la partida a los demás. ¡Llegas a la meta y me parece que soy yo quien llega! ¡Qué hermoso es el triunfo! *(Brutal.)* ¡Cuida tus juguetes! ¡Son gotas de mi sudor! No se los dejes a los otros niños. ¡Que se espabilen sus padres!

(Amontona los juguetes con el pie. El Hijo *le mira sin comprender nada. Oscuro. El* Hijo, *de unos quince o dieciséis años, estudia y come a la vez. Se levanta y hace operaciones en una pizarra. Se sienta.)*

Me gusta verte estudiar y comer. Veo cómo crece tu cuerpo y tu inteligencia. Todo debe crecer a la par. Así todos te respetarán; unos, por tu fuerza; otros, por tu inteligencia. Serás invencible. Me gustaría sentirme en tu propio pellejo para gozar mejor de tu fuerza y de tu inteligencia. No puedo quejarme. Mis desvelos están a punto de fructificar. Estarás dotado para la vida. Nadie osará echarte a la cuneta. De todos modos, debes reforzar tu carácter. Sigue el ejemplo de tu madre. Ella es una mujer con arranque. Es difícil de pelar. Yo la he tenido que aguantar sin rechistar, casi sin levantar cabeza, para que amainase lo antes posible. Pero tú no tendrás que aguantar a nadie.

(Se hincha y toma actitud de fortaleza.)

Le pararás el carro a quien sea. Si alguien se pone delante, le aplastas. Debes ser como una apisonadora, ¡como un tanque! Tu padre te lo manda. El te ha criado sin que te faltase nada, para que no soportes nada de lo que él tuvo que soportar. Hijo mío, eres como una venganza para mí. Yo me reiré al verte triunfar, al verte arrasar con lo que sea, a no pararte en barras para lograr una posición honrosa en la vida. Yo no he podido dártela. Tendrás que conquistarla. Por eso me he sacrificado. Al imaginarme cómo serás, todas las humillaciones sufridas me parecen insignificantes. ¿Quiéres que te diga una cosa? Casi estoy dispuesto a olvidar los gritos y los desplantes de tu madre. Ella, a fin de cuentas, también se ha desvivido por ti. Ha contribuido a que tú crecieses lleno de energía.

(Oscuro. El Hijo, *inmenso, se dispone a salir. Entra el* Padre *con un rifle.)*

Toma. Es mi regalo de fin de carrera. Es de segunda mano. Me gustaría regalarte uno nuevo, pero éste está casi nuevo.

(El Hijo *toma el rifle y lo maneja con soltura.)*

Sabía que te iba a gustar. Yo siempre soñé con un rifle, pero nunca he podido darme el gusto. Sin embargo, tú tienes un rifle. Se lo compré a un borracho; poco dinero. Para un padre que lo ha sacrificado todo por su hijo, eso es una satisfacción muy grande.

Así podrás ir de caza con tus amigos los fines de semana. Te has quedado muchas veces en casa por no tener un rifle. Ahora vas a comenzar una nueva vida, pero no te será difícil triunfar. Desde pequeño te he preparado para ese gran día. Eres inteligente, fuerte, tienes carácter. Nada te hará retroceder. ¡Retroceder! Borra esa palabra del mapa. Los retrocesos son interpretados siempre como cosa de apocados. Yo he tenido que hacerlo y sé lo que es eso. Realmente, he andado más para atrás que para delante. Me faltaron apoyos. A veces, yo quería volar, pero tu madre ha sido un lastre para mí. Entre la realidad y el sueño, por prometedor que fuera, siempre me ha obligado a lo inmediato. Ella carece de fantasía. Sin duda no es su culpa, la naturaleza la hizo así. Tú naciste para triunfar. Digo naciste, pero no: te he fabricado yo para el éxito. Si desde el principio no cedes terreno, te respetarán. Si la gente sabe cómo te las gastas, nadie se atreverá a cruzarse en tu camino. Te temerán y se apartarán despejándotelo. ¡Nadie querrá verse arrollado por un triunfador como tú, hijo mío.

(El HIJO *cuelga el rifle y se dispone a irse. El* PADRE *cambia de actitud.)*

Pero ahora no debes salir. Descansa. Mañana comenzarás una nueva vida. Esta noche, al dormir, debes borrar todas las imágenes del pasado. Así, mañana serás un hombre nuevo. Lo primero que debes descartar es esa novia que te has echado. No es serio. Eso estaba bien cuando eras un simple estudiante. No es un amor práctico para ti. Fíjate cómo será la cosa, que en eso hasta tu madre está de acuerdo conmigo. Hace casi veinte años que no coincidimos en nada, pero en eso sí.

(El HIJO *ya va a salir. Para dominar la situación mejor, puede caminar por una plataforma algo más alta.)*

¡Te digo que no salgas! ¡Es por tu bien! ¡No! ¡No saldrás!

(El PADRE, *muy excitado, se pone de espaldas a la puerta cerrándole el paso.)*

¡No saldrás!

(El HIJO *coge el rifle y dispara. El* PADRE *se desploma.)*

Dependencia aséptica de un ejecutivo. No se trata de un hogar ni de una oficina, sino de un espacio especialmente diseñado. Es una especie de incubadora, donde el *manager* se encuentra asistido por aparatos estimulantes y memorizadores, que crean una realidad artificial e implacable. Todo resuena. Las máquinas graban los pasos, cada palabra, la respiración y los bostezos del SUPERGERENTE. Se encienden y apagan luces indicadoras. Suenan dictáfonos, teléfonos, telex, llamadas musicales, voces adulonas de empleados, pitidos telegráficos, etc., repitiendo de un modo desordenado, pero con sentido de anticipación, fragmentos del texto.

(Llega el SUPERGERENTE, borracho y vestido con traje de fiesta. En sus ropas se registran desperfectos ocasionados por la diversión. Cierra la puerta con la torpeza habitual de un borracho. Se tambalea. Su cabeza, llena de alcohol y acosada por los aparatos de su dependencia, estalla. Logra sentarse sin caerse y coloca sus pesados pies sobre una mesa, en lo alto. Desprende vapores alcohólicos. Siente náuseas. Comienza a buscar algo, amparándose en muebles y paredes. Luego, para mayor seguridad, decide andar a cuatro patas. Involuntariamente toca algunos aparatos. Éstos replican: «¡No me toques! Estoy calculando.» «¿No ves que estoy trabajando?» «¡No me molestes: estoy pensando por ti!» Se va enfadando gradualmente al no encontrar lo que busca, hasta

llegar al grito descontrolado e histérico. Las máquinas,
cada una según su lenguaje, lo repiten.)

SUPERGERENTE.
   ¿Por qué hacéis eso? Ahora no estoy trabajando.

VOCES DE APARATOS.
   Todo lo que diga o haga un ejecutivo, un *manager*,
es útil; vale muchísimo dinero.

SUPERGERENTE.
   Pues ayudadme a buscar en vez de espiarme.
¡Siempre me pasa lo mismo! Cuando lo necesito, no
lo encuentro. ¿Dónde está mi vomitivo predilecto?
Voy a tener que andar con el frasco al cuello.
(Le hace gracia la idea y se ríe.) ¡Oh, colosal! Un
supergerente con su... eso al cuello. Igual que si
fuera un cencerro. Así no me perdería entre vapores
alcohólicos. Chuparía del bote cuando ya no me
cupiese más y listo. ¡Necesito vaciar el buche!

UN APARATO.
   «¿Cuál es el papel esencial del *manager*? Enfren-
tarse inteligentemente con el cambio. El *manager* es
el medio por el cual los cambios sociales, económicos,
tecnológicos y políticos, todos los cambios humanos,
pueden ser racionalmente organizados y extendidos
al conjunto del cuerpo social.»

SUPERGERENTE.
   Sí, llevaré el frasco al cuello. Patentaré la idea. Ahora
se llevan una serie de cachivaches al cuello. ¿Por qué
no llevar una cosa tan útil como un vomitivo? Es una
idea práctica, higiénica, saludable. Patentaré esa idea.
Así, a cada rato, entre reunión y reunión, entre brindis
y brindis, una chupadita y listo. Se queda uno nuevo
y optimista. Eso no puede ser pecado. Luego un
buche de whisky y otra vez buen paladar para seguir

tragando con la mente despejada. *(Agresivo.)* Es necesario pelear para ensanchar constantemente los límites de la vida. Yo estoy por la agresividad creadora. Ese cochino vomitivo, ¿quién se lo habrá tragado? Son despreciables los límites humanos. Bebes un poco de más y ya te has pasado de rosca. Beber es una necesidad social. Beber es una idea, una forma de convivencia, de gestión, de intimidad indiscreta, de negocios. ¿Quién le ha puesto límites al alcohol como si se tratase de una piscina o de un lago? ¡Oh, reviento! No puedo más. ¡Todo me da asco! Si encontrase el frasquito, le daba un beso y me quedaba más fresco que una lechuga en un frigorífico.

(Furioso.) ¡Compraré montones de frascos!

(En un dictáfono.)

Que mañana me compren mil frascos.

Voz FEMENINA.

Ya están pedidos, señor.

SUPERGERENTE.

Así, cuando llegue borracho, es decir..., mareado, todo se arreglará si me tropiezo con un frasquito en cada esquina. No puedo perder tanto tiempo. Soy un supergerente, un alto ejecutivo, un *¡manager!*

Voz MASCULINA.

«El cielo es demócrata; distribuyó la capacidad intelectual casi a partes iguales en el mundo entero. Pero, sin duda alguna, espera que organicemos de manera eficaz los recursos que nos ha dado el cielo. Este es el problema del *manager*. La del *manager* es, a fin de cuentas, la más creadora de todas las artes. Es el arte de las artes; puesto que es el arte de organizar el talento.»

SUPERGERENTE. *(Eruptando.)*

Un frasco por cada decímetro cuadrado. Y así, caiga donde caiga, podré tomar mi biberoncito. Eso es organizarse con talento. Pragmatismo puro. *(En «off».)* «Pragmatismo.»

(Tiene mala cara. Le dan arcadas.)

Pero tendré que recurrir a lo de siempre: dos dedos desinfectados en el gaznate y todo en regla. Los hombres hacen así desde los romanos, aunque ellos no desinfectaban los dedos. Los meteré en formol. *(Lo hace.)* Ya están higienizados. Los romanos tocante a esto, dejaban bastante que desear. Estaban muy atrasados, atrasadísimos... De todos modos, si vomitamos con la misma técnica, no hemos progresado tanto. Está clarísimo. Estamos donde estábamos. Sí, el progreso humano es un mito, un escandaloso fracaso.

(Temeroso de que los dictáfonos graben sus palabras.)

¡Oh, no! No debo decir estas cosas, aunque las sienta. A mí no me pagan por hablar así. Yo soy un triunfador, un optimista.

(Se coloca una sonrisa postiza.)

Sería estúpido hacerme la recontrapropaganda. Sería un traidor a mi especie. Un traidor a la patria y al sistema.

Voz FEMENINA.

«La política, es decir, el matrimonio vivo de derecha-izquierda, es hoy, más que nunca, fuente irreemplazable de fecundidad.»

SUPERGERENTE.

Y ahora al grano.

(Mete los dedos en la boca. Al comenzar con las arcadas, una música lejana se aproxima de golpe, mezclada con aplausos, risas, gritos de dolor, brindis, voces de júbilo y de desesperación, disparos, niños y madres que lloran, alaridos de terror. El Supergerente, *al sujetarse la cabeza, se tapa los ojos. A cada una de sus arcadas, caen ante él muñecos de trapo, de cartón, de plástico y toda clase de desperdicios humanos. Podría pen-*

sarse que de éstos salen las quejas. A cada espasmo, el Supergerente *explica.)*

Ahí va lo primero que tomé esta mañana; una ginebra celebrando la anexión de cinco empresas de electrodomésticos. Estupenda operación. Bajo mi dirección, la nueva empresa constituida producirá a unos costos bajísimos. Ya hemos despedido el 47,3 por 100 del personal. Todavía habrá que reducirlo más. Es una exigencia de la automatización y de la competencia. *(Más arcadas y muñecos.)* Ahí va lo que tomé a la hora del vermuth, festejando la incorporación a nuestro complejo empresarial de la desdichada compañía «Automotores, S. A.» Eran orgullosos, pero finalmente nos la tragamos. La fuerza es la fuerza. Produciremos un modelo popular, aunque no bajaremos ni un penique los precios. Sería echar piedras al propio tejado. La demanda es fuerte, ¿para qué llevarle la contraria? *(Ordenando.)* Automatización. Reduciremos el personal del sistema de producción. Reduciremos el personal en un 50,3 por 100. Así lo han racionalizado nuestros ordenadores electrónicos.

(Caen muñecos y ropas de trabajo.)

Ahora viene lo bueno: el gran banquete de la «International Bank». Ahí va lo que he comido. Es una pena, estaba riquísimo.

(Arcadas, muñecos y viejos modelos de máquinas de escribir y calcular.) ¡Qué maravilla de instalaciones! Casi no hay empleados. Es un problema echar una bronca a alguien. Todo el personal es joven, hermoso, elegante, parecen todos de una sola familia. Y ciertamente lo son: nuestro propio Banco. El personal anterior era cada cual de un pelo. Estaban viejos y gastados. ¡Pobres muchachos! Me han dicho que se han empleado como porteros. Y otros, los mejor dotados, llevan dos o tres contabilidades pequeñas para ir tirando. A los más viejos, les hemos conseguido una jubilación anticipada. Yo estoy por la técnica.

Donde haya máquinas, ¡que se mueran los empleados.
(Caen muñecos.)
Las máquinas no fuman, ni tiran papeles al suelo,
ni van al retrete a cada rato. Ahora casi no necesitamos retretes. Los tenemos, claro está, pero como
si fueran de adorno: un complemento decorativo.
*(Espasmos y caen muñecos y viejos útiles de oficina.
También un W.C.)*
¿Y qué me falta todavía? Algo me ocupa todavía
el estómago. ¡Ah, ya sé! Las copas de media noche,
en el baile del Hotel Hutson. ¡Un baile por la anexión
de Calculadores Integrados, S. A.! Lucharon como
gatos panza arriba, pero finalmente cayeron. Me cantan en el buche. Eso ha sido la culminación de mi
carrera, mi púrpura cardenalicia como supergerente.
Pero no debo pararme ahí, sino fijarme metas más
altas, infinitas. Lo revolucionaré todo; me quedaré
tan sólo con el 15,1 y 1/2 por 100 del personal. Será
suficiente.
(Como un «slogan».)
Es un cálculo IBM.
(Arcada y caen muñecos y desperdicios diversos.)
¡Qué aliviado me siento! Me he descargado de todo
el trabajo de un día!

VOZ ELECTRIFICADA.
«Un circuito integrado es un circuito electrónico
que reemplaza por sí solo toda una serie de piezas
ligadas entre sí: lámparas o transistores, condensa-
dores, resistencias, etc. De esta manera, los micro-
circuitos, logrados por los americanos, reúnen sobre
una superficie de un centímetro cuadrado de masa
plástica, por un simple diseño, el valor de once piezas
separadas y conectadas entre sí. Sus ventajas son
enormes: ante todo, la sencillez; después, la solidez,
y, por último, el tamaño y el peso. Sin los circuitos
integrados no existirían los cohetes gigantes del espacio que transportan varias toneladas a distancias

planetarias. Estos circuitos integrados alteran de tal modo la situación, que están llamados a suplantar, en los próximos años, todo el material electrónico corriente.»

SUPERGERENTE. *(Frenético.)*
Pero eso no basta. Es indispensable sustituir al trabajador y su maraña de problemas. ¡Estoy harto de líos laborales! Sólo circuitos integrados. Lo exijo yo, el ¡*manager*!
(Repite lo de la voz.)
«Un *manager* es el medio por el cual los cambios sociales, económicos, tecnológicos y políticos, todos los cambios humanos, pueden ser racionalizados y extendidos al conjunto del cuerpo social.» Mañana brindaré por este sueño. ¡No, no! Un supergerente no sueña, ejecuta. *(Náuseas.)* ¿Pero qué es esto? ¡Ah, sí! Todavía tengo bilis dentro de mí. El hígado, me traiciona el hígado.
(Violentos espasmos le dejan extenuado. Caen sobre el montón, lanzados desde distintos planos, los personajes de las piezas anteriores —o simples personas.)

VOZ DELICADA.
«Durante los últimos cincuenta años, y gracias al proceso de la mecanización, hemos reducido a la mitad el promedio semanal de trabajo. Actualmente, el obrero industrial es, cuando entra en el sector de producción, un poco mayor que antiguamente, y está mejor pertrechado. Una vez ingresado en él, trabaja menos horas y disfruta de vacaciones más largas. Y se jubila más joven. Las consecuencias de estas novedades, antes, durante y después de la vida profesional, pesan directamente sobre nuestras estructuras de educación.»

SUPERGERENTE. *(Con el pañuelo se limpia los ojos. Bebe un buche de whisky.)*
Ya estoy como nuevo.

(Ve el montón de muñecos, seres humanos y objetos que se formó ante él. Se limpia los ojos.)
¡Cielo santo! ¿Qué es esto?
(Mira a un lado y a otro.)
¿Una conspiración? ¿Una huelga? ¡Pero si aquí no ha podido entrar nadie! Es un recinto blindado. ¿De dónde habrán salido estas piltrafas humanas? Es un material inservible.
(Sospecha algo grave.)
¡No, no, no puede ser! Yo no he sido. ¡Pero si yo no me he comido a nadie! Por borracho que estuviera, ¿cómo iba a comerme a esta gente? Cené en un restaurante de lujo, no en un basurero. Tengo un paladar cada vez más caro. Nunca miro lo que gasto en comer o beber. Al contrario, me conviene justificar gastos; así no se lo llevan los impuestos. Es un modo de ahorrar comiendo. ¡Qué espanto! No, estoy seguro: yo no he vomitado todo esto. ¡No he comido a nadie!
(Repite voz en «off»: «a nadie».)
¿Y... y... si lo hubiera comido? ¡Qué horror! ¡Soy un antropófago!
(Llora sobre un montón de objetos y personas.)
Sí, los he comido, pero fue sin querer. Yo no quise hacerles daño. Les eché de mis empresas porque no servían. No tenían la preparación que hoy exige la producción. Eran viejos. La técnica es muy exigente. La competencia implacable: si no tragas, te tragan.
(En «off»: «si no tragas, te tragan».)
Me compadezco de sus quejas y de su dolor. Son hombres que en la mitad de sus vidas se sienten inútiles, madres que multiplican un pan, niños que lloran y lloran porque nunca llegarán... ¿a ser técnicos? Sí, sí, soy un maldito: he disparado la máquina contra el hombre. He disparado el progreso contra el hombre. He sido cruel, despiadado, con los ojos fijos en la columna de producción. Y en los dividendos

también. Pero voy a ser bueno. Esa es la palabra. ¡Qué alivio ser bueno! Sí, sí, caritativo. De ahora en adelante, la caridad adornará todos mis actos. *(Extiende la mano.)* Sí, juro que seré caritativo. *(Sonriente y aliviado.)*

Vuelvo otra vez a ser feliz. Vuelvo a ser el de antes: un hombre optimista y triunfante. Pero algo ha cambiado dentro de mí. No volveré a atropellar a nadie. Nada de tragarse a los demás: da dolor de conciencia. *(Canta:)*

> El amor es el supremo
> bien que el cielo al hombre ha dado

(Repite sin saber continuar.)
(Suena el teléfono y habla sentado desde el montón.)
Sí, soy yo. Ya me he levantado. ¿Qué dice? Así que Generadores Eléctricos ha caído en la red que le tendimos. Yo sabía que no podría soportar nuestra competencia. Era una empresa muy pesada y con montones de personal. Sí, tendremos que modernizar rápidamente, aunque duela. Estupendo. Claro que lo celebraremos hoy mismo. Hasta luego. *(Cuelga.)* ¡Soy un hacha! ¡El genio de la eficacia! *(Levantándose.)* Si la vida fuese perfecta, yo sería un santo. Me divertiría serlo. ¿Pero cómo voy a ser un santo yo solo, por mi cuenta? Me tomarían por loco.

OSCURO

(Los parlamentos entrecomillados pertenecen al libro *El desafío americano*, de J.J.S.-S.)

ESCRIBIR CONTRA EL PÚBLICO

Al escribir teatro pueden tomarse dos actitudes: escribir para el público o contra el público.

Esas dos actitudes entrañan dos posiciones artísticas y éticas diferentes.

La primera suele ser inmediatamente recompensada por un público complacido. La segunda suele ser rechazada por un público que se siente molesto.

Benavente escribió para el público de su tiempo. Valle-Inclán contra el público de su tiempo.

Escribir contra el público no quiere decir disparar contra él por sarcasmo. Eso sería estúpido.

Un autor que se arriesga a escribir contra el público —contra la rutina y la pereza mental de su tiempo— no pretende degradar, sino que intenta contribuir a elevar a ese público, a medida que también él se eleva.

Esta actitud suele acarrear dificultades al autor dramático. De ahí su valor ético.

Valle-Inclán, velando por la calidad artística de su obra y por su independencia de escritor, se encontró rodeado de obstáculos. Pero hoy, a más de treinta años de su muerte, ¿quién ha dado más que él?

Ahora su teatro es aceptado, pero no es aceptado por el público que lo rechazó. Lo es, pese a todo, por un público nuevo.

Las fallas humanas, políticas o sociales que preocupaban a Valle-Inclán son distintas a las que nos afectan a nosotros. O casi distintas. Por eso su mordacidad se tolera. O casi se tolera. Se la digiere. O casi se la digiere.

Por eso su estética y la nuestra ha de ser necesariamente otra. Valle-Inclán escribió bajo el influjo del cine. Le fascinaba esa nueva expresión artística y trataba de ganarle la partida.

Desde entonces el cine, que en aquel tiempo casi era teatro, se ha desarrollado muchísimo.

A su vez el teatro, en lugar de ir en busca del cine, regresó a sus bases y ha marchado por su propio camino.

Cine y teatro ya no son enemigos, sino artes autónomas y plenamente diferenciadas.

En esta vertiente, a la que nos sentimos ligados, la aventura dramática no es solamente un texto genuinamente teatral. Comprende una dirección creadora y un tipo de actor que no es sólo una voz, sino una totalidad expresiva.

También el escenario ha dejado de ser un lugar donde se produce una simulación de la realidad, para convertirse en un espacio escénico integrado a la obra.

Nosotros no utilizamos personajes castizos, ni de la lista de teléfonos, ni personajes que uno pueda encontrar en la calle. En la calle se puede encontrar a un personaje quijotesco, pero nunca a don Quijote.

Nuestros personajes y nuestra realidad dramática no son una acotación de la realidad, sino un producto enriquecido por la imaginación.

Partimos de la realidad, pero no le rendimos un culto que pueda transformarse en hipoteca. No buscamos la ilusión de lo real, sino su contenido más profundo y universal.

En términos materiales, el teatro no es casi nada. Sin embargo, un pueblo que carece de teatro es un pueblo incapaz de superarse espiritualmente a través de la crítica. Carece de madurez mental.

Si un novelista es un espejo, un autor dramático es una conciencia. Por eso molesta.

Carecer de un teatro vigoroso resulta aterrador por lo que revela: una sociedad sin teatro es una sociedad sin pensamiento.

Escribir contra el público es, en definitiva, el único modo de crear algo nuevo. Por eso vale la pena.

José RUIBAL.

CRÍTICA

«Los mendigos» *es una de las obras más interesantes
y más características de José Ruibal, obras de las
que tengo confianza que se hablará cada vez más en
Estados Unidos. Su excelente pieza «El asno» saldrá
este otoño en* Modern International Drama, *única
revista norteamericana dedicada exclusivamente a la
publicación de obras que no han sido traducidas anteriormente. Otras están siendo leídas por varios editores
y llegarán, es de esperar, a la imprenta, aunque los
editores americanos son especialmente reacios a pu-
blicar obras teatrales que aún no hayan sido llevadas
a escena profesionalmente.*

«Los mendigos» *se estrenó este año, en función
única, en el teatro de Pennsylvania State University*[1].
*Uno de los programas más útiles del Departamento
de Teatro de la Universidad es una serie de puestas
en escena que tienen lugar los jueves, a las cinco de
la tarde, durante los trimestres de invierno y de prima-
vera, en las que los alumnos dirigen y representan
obras, se dan en función única y con entrada libre.*
«Los mendigos» *fue recibida por los estudiantes con
enorme entusiasmo, por la buena razón de que, además
de ser una obra excelente, hablaba directamente a las
preocupaciones actuales de los estudiantes universitarios americanos.*

---

[1] Para esta representación se utilizó la traducción del director
de teatro norteamericano John Pearson. Esa misma versión fue
publicada en la revista *Drama y Teatro*, en otoño de 1968.

El empleo de figuras animales como recurso cómico satírico pertenece a una vieja y honrada tradición en la historia de la alegoría y la sátira literaria. El público percibió inmediatamente la intención del recurso del autor y automáticamente la aplicó a su propia experiencia. EL LORO, *que representa al ministro de propaganda en el estado imaginario y ficticio de la obra, se asoció en las mentes de los estudiantes con la falta de confianza que inspiran nuestros políticos —lo que aquí se llama popularmente la «credibility gap». Esto ha sido resultado, en gran parte, de la guerra de Vietnam, que la mayoría de los jóvenes de Estados Unidos, y sobre todo los estudiantes universitarios, creen que ha sido mal dirigida hasta llegar al punto de que el Gobierno tiene miedo de que las gentes se enteren de las equivocaciones que han cometido. La muerte del* LORO *al final de la obra se interpretó como la representación simbólica del inevitable triunfo de la verdad.*

Si los estudiantes asociaron al LORO *con la falta de sinceridad del Gobierno, su amo, el tosco* PERRO, *fue asociado, claro está, con el presidente Johnson, quien se ha convertido para prácticamente todos los estudiantes en símbolo de lo indigno de confianza y foco para todos sus sentimientos rebeldes. Pero, además —dado que en la obra ejerce funciones policiales— se asoció también con ese sentimiento de enemistad hacia la Policía en crecimiento entre los estudiantes universitarios norteamericanos desde que ésta ha disuelto manifestaciones por la paz y rebeliones estudiantiles contra la autoridad académica, violenta y brutalmente, en diferentes puntos del país.*

EL ASNO *representaba a los funcionarios, serviles y oportunistas, que hacen funcionar cualquier máquina política corrupta, asociado en la mente de nuestros estudiantes con miembros del Gabinete y del Estado Mayor de las fuerzas armadas.*

No pretendo saber hasta qué punto puedan justificarse

estos sentimientos, no hago sino dejar constancia de ellos. EL CUERVO se pensó que representaba la religión, y provocó vivas carcajadas: pocos estudiantes se toman en serio la religión en este país hoy.

En cuanto a LOS MENDIGOS, que son el símbolo central de la obra, nos tocan aún más de cerca, preocupados como estamos con la guerra a la pobreza. No sé si hay o no mendigos en España, pero sí los hay en Estados Unidos y en otras muchas partes del mundo que he visitado —Méjico y Marruecos, por dar dos ejemplos al azar—. La miseria y el aplastamiento de gran parte de la población mundial está soberbiamente resumida en las poéticas estrofas de la escena de LOS MENDIGOS en la obra del señor Ruibal, escena que emocionó profundamente al público en la representación que se hizo en Pennsylvania State University.

Dos palabras acerca de la representación en sí. EL LORO vestía «shorts» amarillos, camisa azul celeste, chaqueta naranja y un sombrero de paja cubierto de cintas de colores; hablaba con voz de falsete. EL CUERVO iba envuelto en una capa roja; cada vez que hablaba sonaba una nota de órgano. EL ASNO llevaba un traje de etiqueta raído, y EL PERRO, un uniforme semimilitar, también raído y descolorido.

George E. WELLWARTH.

Pennsylvania, abril 1968.

Colección Letras Hispánicas